Schirner
Verlag

Das Jahr 2012 wird von Propheten und Weisen als Wendezeit in unserer planetaren Evolution angesehen. Die Mayas haben uns in ihrem Kalender einen Hinweis auf eine Wende im Jahre 2012 hinterlassen. Die Menschheit werde in dieser Zeit schwierige aber auch interessante Aufgaben zu bewältigen haben.

Der erfahrene Autor Peter Ruppel gibt eine tiefgehende Einführung in den Themenkomplex, vermittelt zahlreiche Hintergrundinformationen rund um das Thema „Wendezeit 2012" und beschreibt anhand praktischer Übungen, wie man sich seelisch, geistig und körperlich auf diese Herausforderungen vorbereiten kann.

Peter Ruppel wurde in Frankfurt am Main geboren. Heute lebt er in München. Er studierte Betriebswirtschaft in Köln, München und Göttingen und promovierte in Sozialpsychologie. Er arbeitete mehrere Jahre als Assistant Professor der Betriebswirtschaft und Kommunikationswissenschaften an einer amerikanischen Universität.

Nach seiner Rückkehr nach Deutschland war er bei einer internationalen IT-Firma im Management beschäftigt. Anfang der 1980er-Jahre gründete er eine Firma für medizinische Software, in der er bis 2002 als Geschäftsführer tätig war.

Peter Ruppel beschäftigt sich seit über 30 Jahren intensiv mit Esoterik und studierte bei mehreren spirituellen Lehrern und Meistern. 2003 gründete er das Internet-Projekt STARservice, eine Datenbank für Veranstaltungen mit dem Thema Körper, Geist und Seele, und leitet dieses bis heute.

Peter Ruppel

Überlebenskodex für die Wendezeit 2012

Schirner
Verlag

ISBN 978-3-89767-845-3

Peter Ruppel:
Überlebenskodex für die Wendezeit
2012
© 2009 Schirner Verlag, Darmstadt

Umschlag: Murat Karaçay
Redaktion & Satz: Heike Wietelmann,
Schirner
Printed by: Reyhani Druck & Verlag,
Germany

www.schirner.com

3. Auflage 2009

Inhalt

Vorwort
Chancen und Herausforderungen
für die neue Zeit

Sie und ich, wir alle sind Zeugen von Umwälzungen in Gesellschaft und Politik, in Wirtschaft und Religion. Eine Neuordnung von Werten steht an. Das spüren wir nicht erst seit der globalen Weltwirtschaftskrise, die man vielerorts auch als eine notwendige Korrektur von Verhaltensmustern, die fast nur noch auf Gier, Ausbeutung und Missachtung beruhen, sieht.

Auch im persönlichen Leben von vielen von uns gibt es Veränderungen, die wir uns so rasch und so komplett vor wenigen Jahren noch nicht einmal hätten ausmalen können. Wir sind dabei, in die Neue Zeit aufzubrechen.

Diese tiefgreifenden Umwälzungen scheinen stärker als jene zu sein, die vom Mittelalter zur Renaissance und vom Barock zur Aufklärung wirkten. Alte Welterklärungsmodelle sowie gesellschaftliche Welt- und Zielvorstellung erweisen sich plötzlich als oberflächlich und scheinen nicht mehr zu funktionieren.

Eines zeichnet sich dabei ganz deutlich ab: Spiritualität gewinnt immer mehr an Bedeutung in der Welt. Der gesellschaftliche Wechsel hin zu Werten, zur Loslösung von falschen Mitteln, alten Wegen und kraftlosen Motivationen findet auch statt in den Welten von Seele und Geist, von Psychologie und Spiritualität.

Dieser Bewusstseinswandel wird von manchen der sogenannten Lichtarbeiterinnen vorangebracht – die man vielleicht besser Energie- oder Bewusstseinsarbeiterinnen nennen sollte –, aber selbstverständlich auch von zahlreichen Menschen, die sich selbst gar nicht so nennen würden.

2012 hat längst begonnen. Wir brauchen gar nicht auf Veränderungen in einem bestimmten Jahr, zu einem einzigen Datum zu warten. Die globale und damit auch die individuelle Transformation hat längst und unausweichlich begonnen. Die meisten Referenten der Konferenzen, die ich moderiere, sind der Meinung, dass der Beginn um die Jahrtausendwende 2000/2001 zu datieren sei.

Der sogenannte Maya-Kalender, der mit dem Jahr 2012 angeblich endet (was bekanntlich ja gar nicht zutrifft), besagt doch lediglich, dass eine neue Zeit komme, die mit den Methoden des althergebrachten Kalenders eben nicht mehr zu messen sei.

Mit anderen Worten: Ein neuer Zyklus in der Bewusstseinsentwicklung der Menschen dämmert herauf, der sich mit den Gedankenmustern und spirituellen Mitteln der alten Zeit, der alten Energie, nicht mehr fassen und auch nicht mehr weiterentwickeln lässt.

Das ist eine der verborgenen Botschaften des Maya-Kalenders!

Das vorliegende Buch des Forschers Dr. Peter Ruppel (sein zweites nach *MAYA 2012: Geheimes Wissen und Prophetie*) dient als kundiger Leitfaden, um wesentliche Aspekte unserer Wendezeit besser zu verstehen. Es geht auf unsere kosmische Vergangenheit ein, auf die prophetischen Quellen und auf die Gründe, warum die Jahre um 2012 wichtige Zeitpunkte für die Menschheit darstellen. Darüber hinaus macht das Buch praktische Vorschläge, wie der Einzelne seine ganz persönliche Transformation fördern kann. Peter Ruppel geht dabei auf die verschiedenen Bewusstseins- und Existenzebenen ein. Er beschäftigt sich aber auch mit dem Lebensplan eines jeden Einzelnen, der – wenn wir ihn für uns erkennen und annehmen – die beste Grundlage für eine erfolgreiche Zukunft ist.

Wulfing von Rohr
Autor von *Kleine Erleuchtungen*, erschienen im Knaur Verlag

1. Kosmische Vergangenheit

Artefakte auf dem Mars

Verlässt man unseren Planeten Erde mit einem Raumschiff in die der Sonne entgegengesetzten Richtung, so trifft man auf den Planeten Mars. Die Entfernung, die wir zurücklegen müssen, beträgt 80 Millionen Kilometer. Das ist etwa die Hälfte der Entfernung zwischen Erde und Sonne. Wir müssen mit unserem Bordcomputer den Zeitpunkt des Rendezvous genau berechnen, denn der Mars benötigt zwei Jahre für seinen Umlauf und kreuzt somit nur einmal in diesem Zeitraum unsere Flugbahn. Den Planeten Mars, unseren nächsten Nachbarn, wollen wir uns näher anschauen: Eine dichte schützende Atmosphäre können wir nicht erkennen. Die Oberfläche des Planeten ist kosmischen Einwirkungen ungeschützt ausgesetzt. Anzeichen von Wasser sind auch nicht zu entdecken – eine trostlose lebensunfreundliche Wüste.

Doch dann sahen wir plötzlich einen kleinen Hügel, der wie ein Gesicht geformt ist, das in den Himmel schaut. Welch ein unwahrscheinlicher Zufall hat hier gewirkt? Unbekannte Kräfte haben eine riesige Skulptur in der Form eines Gesichtes geschaffen. In einer geringen Entfernung, links vom Gesicht, sind mehrere pyramidenähnliche Artefakte, angeordnet. Über eine zufällige Entstehung kommen nun langsam Zweifel auf. Die Monumente sehen wie von Hand geschaffene Formen aus. Wind und Regen gibt es, wie gesagt, auf dem Mars nicht, weil eine dichte Atmosphäre fehlt. Vielleicht gab es sie vor vielen Hunderttausenden von Jahren? Endgültig aufgeben können wir die Zufallshypothese, wenn wir nun in der Mitte und unterhalb der Verbindungslinie zwischen dem Gesicht und der Gruppe kleiner Pyramiden eine sehr große fünfseitige Pyramide entdecken, die so akkurat und genau bearbeitet ist, dass es sich nur um ein künstlich geschaffenes Bauwerk und auf keinen Fall um ein Zufallsprodukt der Natur handeln kann.

Die soeben unternommene „Reise" mit dem Raumschiff ist natürlich frei erfunden, da sich noch nie ein Mensch so weit von der Erde entfernt hat. Die Beobachtungen entsprechen jedoch den bisher gemachten wissenschaftlichen Entdeckungen. Wie kamen wir zu diesem Wissen und was ist auf dem Mars geschehen? Das Gebiet, in dem sich die Artefakte befinden, trägt den Namen Cydonia. In den siebziger Jahren des vergangenen Jahrhunderts hat die Viking-Sonde der NASA viele Fotos von diesem Gebiet übertragen, die auch freigegeben wurden, da auf den Bildern kaum etwas zu erkennen war. Die beiden Forscher DiPietro und Molinaar haben die Bilder durch Pixelbearbeitung und durch Veränderung des Kontrastes weiter untersucht und entdeckten schließlich das Gesicht und die Pyramiden. Die große fünfseitige Pyramide wird auch als die D&M-Pyramide bezeichnet. D und M sind die Anfangsbuchstaben der Namen der beiden Pixelkünstler. Zu den beiden Marsforschern gesellte sich bald Richard Hogland, der viele Bezüge und Strukturen nicht nur innerhalb der Anlage herausarbeitete, sondern auch Ähnlichkeiten zu frühgeschichtlichen Anlagen auf der Erde (z.B. Stonehenge und Avebury) erkennen konnte. Die Ergebnisse veröffentlichte er in Büchern, und er hielt zahlreiche Vorträge. Von der UNO wurde er sogar zu einer Präsentation eingeladen. Seitens der NASA gab es jedoch keine Reaktion, noch weniger wurde ihm eine Zusammenarbeit angeboten. Hogland selbst war sich allerdings noch unsicher und beantragte weiteres Fotomaterial. Ich erinnere mich noch gut an eine Diskussion mit Hogland, anlässlich eines öffentlichen Vortrages, bei dem er die NASA anflehte, man möge doch bei zukünftigen Marsmissionen vom Cydonia-Gebiet Aufnahmen mit besserer Auflösung machen und diese dann auch veröffentlichen.

In den darauffolgenden Jahren hielt ich meine Augen offen

für alle veröffentlichten Bilder, die von den Marsflügen zur Erde gefunkt wurden. Pathfinder und Global Surveyor brachten keine Bilder zurück, oder sie wurden nicht veröffentlicht. Auf den Bildern des Cydonia-Gebietes, die veröffentlicht wurden, war nichts zu erkennen. Manche Sonden erreichten erst gar nicht ihr Ziel und verbrannten oder stürzten ab. Auch die russischen Marsexkursionen verliefen ergebnislos.

In der esoterischen und mythologischen Literatur über den Mars wird man jedoch fündig. Es wird dort über frühe Populationen berichtet, die den Mars bewohnten. Sie waren hoch entwickelt, konnten jedoch ihre marsianische Energie nicht kontrollieren und zerstörten ihren Planeten bis zur Unbewohnbarkeit. Als Warnung für etwaige Nachahmer hätten sie angeblich das Gesicht, das in den Himmel blickt, errichtet. Manche Betrachter glauben sogar, im rechten Auge eine Träne zu erblicken.

Es kann sein, dass auch in unserem Zellgedächtnis eine Spur dieser Katastrophe auf dem Mars abgespeichert ist und schon beim geringsten Anlass wieder in Form einer undefinierten Angst aktiviert wird.

Asteroidengürtel

Eine Katastrophe von apokalyptischer Dimension hat sich offensichtlich auf der nächsten Stufe unseres Sonnensystems ereignet. Ich meine die Entstehung des Asteroiden-Gürtels.

Zwischen Mars und Jupiter müsste – nach mathematischen Relationen – noch ein weiterer Planet seine Bahnen ziehen. Diesen Planeten gab es auch, und er trug den Namen Tiamat – so zumindest steht es in den Tontafeln der Sumerer geschrieben. Die Keilschrift auf den Tontafeln konnte von Zecharia Sitchin, einem amerikanischen Forscher, in der zweiten Hälfte des vorhergehenden Jahrhunderts entziffert werden. Laut diesen Aufzeichnungen wurde ein Himmelskörper mit Namen Nibiru, die Sumerer nannten ihn Marduk, von unserem Sonnensystem eingefangen, sodass er die Sonne umrundete und wieder in den Weltraum verschwand.

Sowohl beim Eintritt von Nibiru in unser Sonnensystem als auch bei seinem Austritt kam es offensichtlich zu Kollisionen mit Tiamat. Dieser wurde bis auf einige Überreste, die heute noch auf der ursprünglichen Bahn von Tiamat zwischen Mars und Jupiter ihre Runden drehen, völlig zerstört. Von den Astronomen werden diese Überreste, die von den Sumerern „gehämmerter Armreif" genannt wurden, als der Asteroiden-Gürtel bezeichnet. Die Astrologen der Hamburger Schule von Witte, heute weitgehend vergessen, verwenden die größeren Asteroiden für Deutungszwecke und erzielen damit beachtliche Interpretationserfolge.

Planet X

Der „Bösewicht" Nibiru, heute auch als Planet X bezeichnet,

hat unser Sonnensystem nicht endgültig verlassen, sondern befindet sich seit jenem dramatischen Zusammenprall auf einer elliptischen Umlaufbahn um unsere Sonne und kehrt alle 3600 Jahre zurück. Nach Umrundung der Sonne entschwindet er wieder ins All. Bei jeder Rückkehr in unser Sonnensystem überquert Planet X die Bahn der Planeten zweimal, einmal beim Anflug und einmal beim Verlassen, nur die Bahnen der drei inneren Planeten Merkur, Venus und Erde bleiben unberührt.

Bei dem kataklysmischen Zusammenstoß von Nibiru mit Tiamat vor vielen Hunderttausenden von Jahren sind aus den Resten von Tiamat unsere Erde und unser Mond entstanden – so jedenfalls berichten die Tontafeln in der Übersetzung von Zecharia Sitchin.

Sollte sich diese kosmische Katastrophe so oder ähnlich abgespielt haben, wäre dieses Ereignis als Trauma im Gedächtnis unserer Mutter Erde gespeichert. Der Name Nibiru oder Marduk bei den Sumerern und heute Planet X ist für uns Menschen ein Angstauslöser erster Ordnung.

Wir wissen auch nicht genau, wann er uns das letzte Mal besucht hat, und somit können wir auch seine Wiederkunft nicht genau berechnen. Es gibt astronomische Sichtungen aus den Jahren 2003 und 2004, die teilweise von der NASA bestätigt wurden, dann aber hat sich die NASA wieder sehr bedeckt gehalten. Alle Informationen aus dieser Quelle sollten wir ignorieren, denn sie sind gedacht, uns zu verwirren und zu verängstigen.

Nach einer anderen Aussage soll der Planet X im Jahre 3761 v. Chr. und dann wieder 161 auch v.Chr. unser Sonnensystem besucht haben. Dann wären wir momentan fein heraus, denn Nibiru würde erst im Jahre 3440 n.Chr. wieder auftauchen. Das Jahr 3761 v.Chr. ist noch in einer anderen Hinsicht bemerkenswert, es ist nämlich der Beginn des Jüdischen Kalenders. Zu jener Zeit begann auch unsere Kultur und unser geschichtliches Bewusstsein mit gleichzeitiger Einführung der Schrift in Mesopotamien (Irak).

Der Beginn der menschlichen Kultur ist in unserem Bewusstsein und auch Unterbewusstsein mit der heftigen Einmischung von Göttern und Außerirdischen verbunden. Im sechsten Kapitel der Genesis im alten jüdischen Testament wird von den Nephilims berichtet, die als Söhne der Götter vom Himmel kamen und sahen, dass die Töchter der Menschen schön waren. Aus ihnen erwählten sie ihre Frauen, die ihnen Kinder gebaren. In der esoterischen, mythologischen Literatur werden diese als die Anunaki bezeichnet. Und hier schließt sich der Kreis wieder, denn für die Anunaki soll der Nibiru der Heimatplanet sein, mit dem sie alle 3600 Jahre wieder in unserem Sonnensystem auftauchen.

Im deutschsprachigen Kulturraum ist diese Mythologie der Sumerer, die von Sitchin erforscht wurde, wesentlich weniger bekannt als bei unseren angelsächsischen Nachbarn oder bei unseren Nachbarn im Süden. In Rom wurde im Februar 2009 ein Kongress abgehalten mit den Titel: „Rückkehr des Planeten X, Nibiru 2012", bei dem sich alle weltweit renommierten Nibiru-Experten einfanden.

Ängste vor kosmischen Katastrophen

Sollte ich Ihnen nun genügend Angst eingejagt haben, können Sie gleich mit dem Bau eines atombombensicheren Bunkers und dem Horten von Lebensmittelvorräten für mindestens zwei Jahre beginnen.

Nein, nein, alles nicht nötig, dieses Angstszenarium überlasse ich anderen Autoren. Meine Philosophie eines Überlebensko-dexes basiert auf anderen Grundlagen.

Vielleicht hat die Schilderung bis jetzt bei Ihnen überhaupt keine Angst ausgelöst, dann können Sie gleich zum nächsten Kapitel übergehen. Sind Sie aber ehrlich zu sich selbst, und dies ist wahrlich nicht leicht, gehen Sie nochmals die obigen Szenarien geistig durch, und prüfen Sie, ob Sie eine innere Zustimmung oder Ablehnung verspüren. Nur wenn Sie völlig neutral bleiben können, sind Sie frei von Angst und haben diese Lektion bereits abgeschlossen. Empfinden Sie große Zustimmung oder starkes Interesse, so löst das Ereignis bei Ihnen Angst aus. Diese sollten Sie zunächst akzeptieren und auflösen. Später werden wir hierfür noch eine Technik von Safi Nidiaye kennenlernen.

Wenn Sie hingegen alles rundweg als Fantasterei ablehnen, dann sollten Sie sich ernsthaft die Frage stellen, ob Sie die Angst nicht verdrängt haben. Eine verdrängte Angst richtig zu diagnostizieren, ist ohne einen Therapeuten oder einen verständnisvollen Partner fast unmöglich.

Verlassen wir die Bühne der kosmischen Bedrohungen, und schauen wir uns die Situation auf unserem Heimatplaneten an.

2. Prophetische Quellen

In allen heiligen Schriften gibt es Hinweise auf eine Endzeit oder Zeitenwende. In der christlichen Tradition widmet sich gleich eine komplettes Buch innerhalb des Neuen Testaments diesem Thema: die Apokalypse. Hinduismus und Buddhismus kennen ebenfalls ein solche umwälzende Epoche. Die indigenen Völker, besonders in Amerika, werden nicht müde, den weißen Mann zu warnen, und auch die heutige Channel-Szene ist reich an Aussagen über Katastrophen in der Endzeit. Schauen wir zunächst in die christlichen Schriften unseres Kulturkreises, ehe wir uns den anderen Kulturen widmen. Dies soll recht skizzenhaft erfolgen, um dann möglichst schnell auf den Sinn, den Zweck und die möglichen Überlebenshilfen einzugehen.

Bibel und Apokalypse

Im neuen Testament findet man mehrere Stellen, in denen Christus vom „Ende der Zeit" spricht. Ist damit die Endzeit oder Wendezeit gemeint – und was genau will die Heilige Schrift damit aussagen? Die Frage wird de facto nicht beantwortet, sondern es werden nur Horrorszenarien geschildert. Mir liegt die Lutherbibel von 1912 vor, und nach dieser Quelle möchte ich im Folgenden zitieren. Die Sprache dieser Bibelausgabe ist sehr altmodisch, manchmal sogar holprig, hat aber auch ihren Reiz.

Was wird geschehen?

Der Apostel Paulus schrieb in seinem 2. Brief an Timotheos:

> „Das sollst du aber wissen, dass in den letzten Tagen werden gräuliche Zeiten kommen. Denn es werden Menschen sein, die viel von sich halten, geizig, ruhmredig, hoffärtig, Lästerer, den Eltern ungehorsam, undankbar, ungeistlich, lieblos, unversöhnlich, Verleumder, unkeusch, wild, ungütig, Verräter, Frevler, aufgeblasen, die mehr lieben Wollust denn Gott." (2 Timotheus, 3, 1–4)

Menschen mit einem derartigen Charakter gab es offensichtlich schon immer. Auffallend für die Moderne scheint jedoch, dass solche Menschen immer häufiger wichtige Positionen in Politik, Wirtschaft, Wissenschaft und Kultur einnehmen. Vielleicht war es ja schon immer so, allerdings scheint der Charakter der Herrschenden heute immer leichter durchschaubar zu sein.

Bei Matthäus kann man weiterlesen:

> „Jesus aber sprach zu ihnen: Sehet zu, dass euch nicht jemand verführe. Denn es werden viele kommen unter meinem Namen ... viele verführen. Ihr werdet hören Kriege und Geschrei von Kriegen; sehet zu und erschreckt euch nicht. Das muss zum ersten alles geschehen; aber es ist noch nicht das Ende da. Denn es wird sich empören ein Volk wider das andere und ein Königreich gegen das andere, und werden sein Pestilenz und teure Zeit und Erdbeben hin und wieder." (Matthäus 24,6–7)

Kriege werden überall geführt, nicht Gleiche gegen Gleiche sondern der Starke unterwirft den Schwachen.

Auch hier wird vor den Verführern und den falschen Propheten gewarnt, wie an vielen anderen Stellen:

> „Seht euch vor vor den falschen Propheten, die in Schafskleidern zu euch kommen, inwendig aber sind sie reißende Wölfe." (Matthäus 7,15)

Oder im 2. Petrusbrief lesen wir:

> „Ihr Lieben, glaubet nicht einem jeglichen Geist, sondern prüfet die Geister, ob sie von Gott sind; denn es sind viel falsche Propheten ausgegangen in die Welt." (2 Petrus 2,1)

Und Matthäus fährt mit der Warnung fort:

„Denn es werden falsche Christi und falsche Propheten aufstehen und große Zeichen und Wunder tun, dass
verführt werden in dem Irrtum auch die Auserwählten."
(Matthäus 24, 24)

Die Stellen werden von den institutionellen Bibelinterpreten
gerne genutzt, um gegen Andersgläubige oder sogenannte
Sekten ins Felde zu ziehen.

Heute sind Lüge und Falschdarstellung eine existenzielle
Gefahr für den Menschen geworden. Nicht nur in der Politik,
sondern auch in den Medien. Besonders auf den Gebieten der
Ernährung, der Medizin, der Religion herrscht eine völlige
Falschinformation. Hier ist nicht genügend Platz, um dies nur
im Ansatz zu beschreiben, dennoch ein paar Stichpunkte:

- Jeder Krieg der letzten Jahrhunderte wurde mit einer Lüge
  oder sogar mit einem vorgetäuschten Terroranschlag ge-
  rechtfertigt.
- Von einem Großteil der Medikamente, die heutzutage ver-
  abreicht werden, weiß man, dass sie nichts nützen, aber
  die Nebenwirkungen machen den Menschen zu einem Dau-
  erpatienten.
- Politiker und andere Funktionäre reden alles schön, was die
  Reichen reicher und die Armen ärmer macht. – Mit einem
  Wort: Es wird mit Lüge und Täuschung eine gigantische
  Macht aufgebaut und missbraucht.

Ganz auf der gleichen Linie, jedoch schonungslos bis zum bitteren Ende die Folgen aufzeigend, tut dies die folgende Stelle der Offenbarung:

> „Und es macht, dass die Kleinen und die Großen, die Reichen und die Armen, die Freien und die Knechte allesamt sich ein Malzeichen geben an ihre rechte Hand oder an ihre Stirn, dass niemand kaufen oder verkaufen kann, er habe denn das Malzeichen, nämlich den Namen des Tiers oder die Zahl seines Namens. Hier ist Weisheit! Wer Verstand hat, der überlege die Zahl des Tiers; denn es ist eines Menschen Zahl, und seine Zahl ist sechshundertsechsundsechzig." (Offenbarung 13, 16–18)

Diese Stelle der Offenbarung ist die am häufigsten zitierte. Wir können sie beziehen auf die heutige Bestrebung, das Bargeld abzuschaffen und alle Geldzahlungen per Scheckkarte, Banktransfer oder nur mit der Legitimation durch einen implantierten RFID Chip (Malzeichen an der rechten Hand oder Stirn) durchzuführen. Die Offenbarung wurde nach heutigem Wissensstand von Johannes auf Patmos (der nicht mit dem Lieblingsjünger Jesu identisch ist) etwa 100 Jahre nach Christus geschrieben. Die Offenbarung wird auch als die Apokalypse bezeichnet und ist randvoll mit den schlimmsten Horrorszenarien, die ein Steven Spielberg (Jurassic Park) und jetzt auch ein Roland Emmerich (Independence Day) in ihre Filmskripte einbauen könnten. Roland Emmerich drehte den Film mit dem Titel: „2012", der im Herbst 2009 im Kino lief. In diesem Film bleibt kein Stein auf dem anderen. Wenn Sie testen möchten, ob noch verdrängte Ängste vor einem Endzeitszenario vorhanden sind, empfehle ich Ihnen diesen Film. Ich selbst habe mich diesem Test nicht ausgesetzt, da meine Nerven viel zu schwach sind.

Sind wir Opfer oder Mitschöpfer?

Nun ist es, denke ich, an der Zeit, unsere grundsätzliche Einstellung zu Prophezeiungen zu besprechen. Seriöse Prophetie, die es natürlich auch gibt, wird nicht betrieben, um Angst zu machen. Angst ist fast immer unproduktiv und wird zur Manipulation benutzt. Wenn ein Vater seinem faulen Filius prophezeit, dass er durch sein Examen fallen werde, wenn er nicht mit dem Computerspielen aufhöre, ist dies eine wohlgemeinte Prophetie, die sogar manchmal nützt. So ist jede negative Prophetie, die nicht in Erfüllung geht, eine gute, da sie ihr Ziel, die Vermeidung einer Katastrophe, erreicht hat. Jede Tragödie, sei es ein Erd- oder Seebeben, eine Dürre oder auch ein Krieg, ist letztlich das Ergebnis des Denkens und Handelns der Beteiligten. Und eben dieses Denken und Handeln kann zu jeder Zeit geändert werden.

Was ich im Folgenden sagen werde, mag zunächst zynisch klingen, ist aber gesichertes esoterisches Wissen: Jedes Ereignis in unserem Leben enthält eine Lernsituation, die für uns individuell angepasst und somit optimal ist. Wie oft hören wir von

Betroffenen, dass das „schlimme Ereignis" im Nachhinein das Beste war, das ihnen hatte passieren können. Nun möchte ich aber noch einen Schritt weitergehen, indem ich die Auffassung weitergebe, dass eben diese schwierige oder auch sehr leidvolle Situation Teil unseres Lebensplanes ist. Sie wurde von uns bzw. von unserer Seele vor unserer jetzigen Inkarnation hier auf Erden akzeptiert, ja geplant, um etwas Bestimmtes lernen zu können. Dies haben wir vergessen, bzw. der Schleier des Vergessens wurde über dieses ausstehende Schicksal gelegt. Gerade im unbefangenen Erleben oder besser Erleiden liegt das größte Potenzial für eine Bewusstseinserweiterung.

Somit können wir auch alle überzogenen Vermeidungsstrategien vergessen. Wie zum Beispiel: Soll ich einen Atombunker bauen? Soll ich für zwei Jahre Nahrungsvorräte anlegen? Die Betonung liegt hier auf „überzogenen", es kann nämlich durchaus nötig sein, einen Atombunker zu bauen und Vorräte für zwei Jahre anzulegen, z.B. wenn Sie im Iran wohnen sollten. Bei allen Ihren Überlegungen benutzen Sie Ihren Kopf (Geist), Ihr Herz (Seele) und Ihren Bauch (Körper), und beraten Sie sich mit Freunden und Helfern aus der geistigen Welt (Geistführer, höheres Selbst, Schutzengel, Erzengel oder Gott selbst). Haben Sie auch keine Angst, Ihre Fragen und Wünsche würden nicht den richtigen Adressaten erreichen. Die Postzustellung in den höheren geistigen Ebenen funktioniert absolut fehlerfrei. Bei der jeweiligen Antwort kann es zu Störungen kommen, je nachdem, wie geübt der Einzelne beim Empfangen und Interpretieren der Botschaften ist.

Zeitpunkt und Zweck des Endzeitgeschehens

Zum genauen Zeitpunkt des Endzeitgeschehens können wir aus den Schriften Folgendes erfahren:

„Von dem Tage aber und von der Stunde weiß niemand, auch die Engel nicht im Himmel, sondern allein mein Vater." (Matthäus 24, 36)

„Er aber sprach zu ihnen: Es gebührt euch nicht, zu wissen Zeit oder Stunde, welche der Vater seiner Macht vorbehalten hat." (Apostelgeschichte 1,7)

Und was ist der Sinn der Endzeit? Und worin besteht die Lösung?

„Und ich sah den Himmel aufgetan; und siehe, ein weißes Pferd. Und der darauf saß, hieß Treu und Wahrhaftig, und er richtet und streitet mit Gerechtigkeit." (Matthäus 19, 11)

„Und er wird senden seine Engel mit hellen Posaunen, und sie werden sammeln seine Auserwählten von den vier Winden, von einem Ende des Himmels zu dem anderen." (Matthäus 24, 31)

Mit dem heutigen Wissensstand scheint die Interpretation recht einfach: Machtstrukturen, vor allem die auf Lug und Trug aufgebaut sind, werden verschwinden, sei es sofort oder in naher Zukunft.

Ich hoffe, wenn Sie mir bis hierher gefolgt sind, löst das Wort „Überleben" eine geringere Angst aus, und so möchte ich noch einen Schritt weitergehen:

> „Denn es wird die Posaune schallen, und die Toten werden auferstehen unverweslich, und wir werden verwandelt werden." (1 Korinther 15, 52)

Auferstehung von den Toten? Was bedeutet das? Nach medialen Durchgaben und Aussagen von vertrauenswürdigen Medien und aufgestiegenen Meistern wird die Menschheit und die Erde eine gewaltige Schwingungserhöhung erleben. Bei dieser Transformation steigen wir von der jetzt Dritten Dimension auf in die Vierte und gleich weiter in die Fünfte Dimension. Dieser kollektive Aufstieg wurde noch nie erfolgreich durchgeführt, vielleicht waren schon manche Kulturen sehr nahe daran, scheiterten jedoch. Vielleicht ist das so geschehen auf dem Mars oder auf dem Planeten Tiamat, dem heutigen Asteroiden-Gürtel.

Auch den Grund, weshalb wir in einer solch tiefen Dimension mit niedriger Schwingung gelandet sind, finden wir in der Offenbarung des Johannes:

> „Und es erhob sich ein Streit im Himmel: Michael und seine Engel stritten mit dem Drachen; und der Drache

stritt und seine Engel, und siegten nicht, auch ward ihre Stätte nicht mehr gefunden im Himmel. Und es ward ausgeworfen der große Drache, die alte Schlange, die da heißt der Teufel und Satan, der die ganze Welt verführt, und ward geworfen auf die Erde, und seine Engel wurden auch dahin geworfen." (Offenbarung 12, 7–9)

Dies ist der berühmte Engelsturz in der Bibel, der als Ursprung für den permanenten Kampf zwischen Gut und Böse angesehen wird. Zu welcher Seite haben wir gehört, Sie und ich? Ich helfe Ihnen, die Antwort etwas leichter zu akzeptieren. Gut und Böse sind Bewertungen, die auf der Erde, also in der Dritten Dimension, gebräuchlich sind. Man kann diese auch als kosmische Kräfte ansehen, von denen jede ihre Aufgabe zu erfüllen hat, so Armin Risi in seinem Buch *„Licht wirft keinen Schatten"*. Die dunklen Kräfte werden quasi benötigt, damit eine Involution, d.h. eine Entwicklung hinein in die Materie, erfolgen kann. Die lichten Kräfte sind hingegen eine Hilfe für die Evolution und den Weg zurück ins Licht. Das Leben in der dichten Materie oder in der Dritten Dimension ist eine einmalige Schulungsmöglichkeit. Deshalb drängen so viele Seelen auf eine Inkarnationsmöglichkeit, selbst unter widrigsten Umständen, wo nur Leid und Not auf sie warten. Auf der anderen Seite hat das Leben in der Materie aber natürlich auch seine Reize.

Prophezeiungen indigener Völker

In fast allen Kulturen findet man die Vorstellung einer Endzeit, die nach einer zyklisch abgelaufenen Entwicklungsperiode mit einer Katastrophe endet. In dieser Periode erscheint meist eine Messias, der eine bessere Zeit einleitet.

In der hinduistischen Tradition kennt man das Kali Yuga, das jetzige Zeitalter des Streites und der Heuchelei, das durch das Erscheinen des Maitreya (Messias) in das Satya Yuga das Zeitalter der Wahrhaftigkeit übergehen wird. Die Zeitangaben in diesen hinduistische Schriften ist für Nicht-Eingeweihte schwer zu verstehen, da hier von Menschen-Jahren, Deva-Jahren und Götter-Jahren gesprochen wird, die bedeutende Längenunterschiede aufweisen. Im Vergleich zu diesen sehr philosophischen Aussagen sind die Prophezeiungen der Indianer Nordamerikas viel anschaulicher und handfester.

Hopi Prophezeiungen

Bei den Hopi werden die Prophezeiungen nicht niedergeschrieben, sondern sie werden von den Ältesten des Stammes mündlich weitergegeben. Die Hopi sprechen von Welten, wie auch die anderen indigenen Völker Nord- und Mittelamerikas. Danach befinden wir uns momentan im Vierten Weltzeitalter, das nach White Feather vom Bear Clan dann untergehen wird, wenn sich die folgenden Zeichen zeigen werden:

„Wenn das Land durchzogen wird von Schlangen aus

Eisen (Eisenbahnen), wenn sich über das Land Spinnenweben spannen (Telegrafenmaste) und wenn das Land mit Flüssen aus Stein durchkreuzt wird (Autostraßen), dann wird die Erde hin und her beben und der weiße Mann wird die Menschen anderer Länder bekämpfen, auch solche, die als Erstes das Licht der Weisheit ausbreiteten."

Das angesprochene Land ist aus heutiger Sicht leicht zu erkennen: Das Land der Sumerer (Irak). White Feather fährt dann fort:

„Dann muss vieles wieder aufgebaut werden. Und bald kehrt Pahana zurück. Er wird den Beginn der Fünften Welt einleiten, und er wird den Samen seiner Weisheit in unsere Herzen pflanzen."

Eine eindringliche Warnung vor einer großen Reinigung spricht Chief Dan Evehema aus, der uns Anfang des neuen Jahrhunderts im Alter von über hundert Jahren verlassen hat:

„Beim Treffen bei Alt-Oraibi vor 1000 Jahren gab uns der Schöpfer die Prophezeiungen, damit wir sie an euch zum Ende der Vierten Welt der Zerstörung und zu Beginn der Fünften Welt des Friedens übergeben."

Und wann dies sein wird, beschreibt Chief Evehema wie folgt:

„Wenn es die Straßen in den Himmel gibt und wenn etwas erfunden wird, was, wie wir Hopi sagen, ein Kürbis voller Asche ist, ein Kürbis, der, wenn er auf die Erde geschmissen wird, alles in einem weiten Umkreis versengt und wo für eine lange Zeit nichts mehr wachsen wird."

Unschwer zu erkennen, dass mit den Kürbissen, die auf die Erde geworfen werden und alles zerstören, Atombomben gemeint sind. Und Chief Evehema fährt fort:

„Die Hopiführer haben die Führer in dem Weißen Haus und die Führer in dem Glashaus (UNO) gewarnt, aber sie haben nicht zugehört. Und so liegt es unserer Prophezeiung zufolge an den Menschen mit guten reinen Herzen, die sich nicht davor fürchten, uns bei der Erfüllung unserer Bestimmung für diese Welt in Frieden zu helfen. Wir stehen nun an dem Scheideweg, um uns selbst zu immerwährendem Leben oder der totalen Zerstörung zu führen. Wir glauben, dass die spirituelle Kraft der Menschen durch das Gebet so stark ist, dass sie das Leben auf der Erde entscheidet."

Dieses Zitat enthält des Pudels Kern, dem nichts mehr hinzuzufügen ist. Eine Prophezeiung ist eine Warnung, die wir annehmen aber auch ausschlagen können.

Andere Prophezeiungen

Ähnliche Aussagen finden wir auch bei Propheten aus unserem Kulturkreis, deren Zahl schier unüberschaubar ist, deren Botschaften aber stets auf das gleiche Resultat hinauslaufen. Zwei Protagonisten, die etwas älter sind, will ich hier zitieren. Einmal den Seher Mühlhiasl aus Bayern, der 1753 in der Mühle Apoig im Bayrischen Wald geboren wurde und zum anderen Johannes von Jerusalem, der dem Orden der Tempelritter angehörte und im 12. Jahrhundert in Jerusalem Gedichte mit unglaublich zutreffenden Prophezeiungen veröffentlichte.

Mühlhiasl aus Bayern

Mühlhiasl spricht wie ein Anlageberater und Wirtschaftsexperte bester Provenienz:

> „S' Gold geht zu Eisen und Stahl. Um ein Goldstück kann man noch einen Bauernhof kaufen. – s'Holz wir so teuer wie der Zucker, aber g'langen tuts. Gold wird im Wert extrem steigen. Sinnvoll ist die Herstellung von Waren des täglichen Bedarfs, mit denen man tauschen kann, um den Lebensunterhalt zu sichern und damit kommt man über die Runden."

Aber auch der überzogene Bauboom wird angeprangert und das vor über 200 Jahren:

> „In der Stadt werden fünf- und sechsstöckige Häuser baut; überall werden Häuser baut; Häuser werden baut wie d' Schlösser und d' Pfarrhöf; Schulhäuser werden baut wie Paläst."

Und wenn Sie noch Fragen zur gegenwärtigen Finanzkrise

haben, so brauchen Sie nur beim Mühlhiasl weiterzulesen, eine so deutliche Antwort erhalten Sie von keinem Investmentbanker:

> „Einerlei Geld kommt auf. Geld wird gemacht, so viel, dass man's gar nimmer kennen kann, wenn's gleich lauter Papierflanken sind, kriegen die Leut nicht genug daran. Auf einmal gibts keins mehr".

Johannes von Jerusalem

Nicht weniger deutlich, obgleich er 600 Jahre früher gelebt hat, sind die Prophezeiungen des Johannes von Jerusalem.

Erstaunlich sind seine sehr präzisen Zeitangaben. All seine Prophezeiungen, bis auf diejenigen, die sich auf den Zeitraum nach der Wendezeit beziehen, werden eröffnet mit: „Wenn das Jahrtausend beginnt, das nach dem Jahrtausend kommt ..." Sie beziehen sich also genau auf die Jahre, in denen wir uns jetzt gerade befinden.

Macht als Thema Nummer eins

Machtstreben der politischen, wirtschaftlichen und auch der wissenschaftlichen Elite ist das vorherrschende Motiv ihres Handelns:

> „Wenn das Jahrtausend beginnt, das nach dem Jahrtausend kommt. Wird der Mensch Himmel und Erde und Meere mit seinen Geschöpfen bevölkert haben. Er wird

befehlen. Er wird die Macht Gottes anstreben. Er wird keine Grenzen kennen. Doch alles wird sich umkehren. Und am Ende des Weges wird ein Abgrund sein."

Die Inhaber der Macht versuchen mit allen Mitteln, im Verborgenen zu bleiben. Johannes drückt dies wie folgt aus:

"Wenn das Jahrtausend beginnt, das nach dem Jahrtausend kommt, werden die Lehnsherren ohne Glauben herrschen. Sie werden ihre Gesichter verbergen und ihre Namen geheim halten. Doch sie werden über das Schicksal von allem und jedem entscheiden. Niemand wird an den Versammlungen ihrer Ordnung teilnehmen. Jeder wird in Wirklichkeit ein Leibeigener sein und glauben, ein freier Mann und Ritter zu sein."

Die Machtausübung ist das vordringliche Thema des Entwicklungszyklus der letzten 250 Jahre. Keine Möglichkeit bleibt ungenutzt, um Macht aufzubauen, sogar Bestrebungen, die totale Weltherrschaft zu erlangen, sind in den Köpfen.

"Wenn das Jahrtausend beginnt, das nach dem Jahrtausend kommt. Wird es eine dunkle und geheime Ordnung geben. Ihr Gesetz wird der Hass sein und ihre Waffe das Gift. Sie wird immer mehr Gold wollen und ihre Herrschaft über die ganze Erde verbreiten. Und ihre Diener werden untereinander durch den Kuss des Blutes verbunden sein. Die Gerechten und die Schwachen werden ihren Regeln gehorchen. Die Mächtigen werden ihr zu Diensten sein. Das einzige Gesetz wird das sein, welches sie im Schatten diktiert."

Die Folgen für Mensch und Umwelt

In den obersten Etagen spielt Geld keine Rolle, es geht primär um Macht. Nachahmer und Mitläufer auf den niederen Ebenen haben zunächst das Geld im Visier, und dann erliegen auch sie dem Streben nach Einfluss und Macht. Ihre Ambitionen kennen nur noch ein Ziel:

„Wenn das Jahrtausend beginnt, das nach dem Jahrtausend kommt. Wird der Mensch mit allem Handel treiben. Jedes Ding wird seinen Preis haben. Baum, Wasser und Tier. Nichts wird mehr wahrlich geschenkt sein, und alles wird verkauft werden. Nichts wird mehr heilig sein, weder das Leben noch seine Seele. Man wird sich um seine sterbliche Hülle und um sein Blut streiten, als wolle man Aas zerfetzen."

Umwelt und Natur leiden und werden hoffnungslos geschädigt:

„Wenn das Jahrtausend beginnt, das nach dem Jahrtausend kommt. Wird der Mensch das Gesicht der Erde verändert haben. Doch die Erde wird nackt und unfruchtbar sein. Die Luft wird brennen und das Wasser übel riechen. Das Leben wird welken, denn der Mensch wird den Reichtum der Welt ausgeschöpft haben. Und der Mensch wird einsam sein wie ein Wolf in seinem Hass."

Die Schere zwischen Reich und Arm klafft immer weiter auseinander, am unteren Ende ist die Not himmelschreiend:

> „Wenn das Jahrtausend beginnt, das nach dem Jahrtausend kommt. Wird jeder wissen, was an allen Enden dieser Erde ist. Wird man Kinder sehen, deren Knochen die Haut durchstoßen. Und solche, deren Augen von Fliegen bedeckt sind. Doch der Mensch, der dies sieht, wird sein Gesicht abwenden. Denn er kümmert sich nur um sich selbst."

Johannes von Jerusalem ist trotz seiner dramatischen und schonungslosen Schilderungen kein Angst schürender Katastrophenprophet. Er sieht die herannahende Katastrophe und möchte diese verhindern. Er hat vor 600 Jahren die Probleme unserer Zeit genauer durchblickt als manche heutigen Zeitgenossen aus Politik, Wissenschaft und Medien.

Prophezeiungen für die Zeit nach der Wende

Johannes gibt auch einen Hinweis für das Ende dieser schrecklichen Zustände mit folgenden Vers: „Wenn das Jahrtausend, das nach dem Jahrtausend kommt, zu Ende geht."

Besserungen werden schon bald sichtbar, obgleich eine stetige Verbesserung erst bis zum Ende des Jahrtausends beobachtet werden kann:

> „Wenn das Jahrtausend, das nach dem Jahrtausend kommt, zu Ende geht. Die Wälder werden wieder dicht

sein. Und die Wüsten werden bewässert werden. Die Wasser werden wieder rein sein. Die Erde wird wie ein Garten sein. Der Mensch wird auf alles achten, was lebt. Er wird reinigen, was er beschmutzt hat. Er wird die gesamte Erde als seine Heimat ansehen."

Die anstehende Transformation führt auch zu einem erweiterten Bewusstsein der Zusammengehörigkeit. Äußerlich empfinden sich die Menschen voneinander getrennt, in Wirklichkeit sind sie nur verschiedene Ausdrucksformen eines gemeinsamen Bewusstseins, zu dem auch die Tiere, Pflanzen und Steine gehören. Von diesen Erkenntnissen haben die Mystiker seit Jahrtausenden berichtet:

"Wenn das Jahrtausend, das nach dem Jahrtausend kommt, zu Ende geht. Werden die Menschen endlich die Augen geöffnet haben. Sie werden von einem Ende zum anderen sehen und einander verstehen können. Sie werden wissen, dass was den einen schlägt, den anderen verletzt. Die Menschen werden einen einzigen großen Körper bilden. Von dem jeder von ihnen ein winziger Teil ist. Gemeinsam werden sie das Herz sein. Und es wird endlich geboren werden, das große Menschliche."

Befinden wir uns jetzt schon auf einer Entwicklungsspirale nach oben? Gibt es schon bald keinen Tod mehr, auch des physischen Körpers? Oder werden wir eine Kontinuität des Bewusstseins erleben, das beim Verlassen des Körpers erhalten bleibt?

„Wenn das Jahrtausend, das nach dem Jahrtausend kommt, zu Ende geht. Wird der Mensch wissen, dass alle Lebewesen Träger des Lichtes sind. Und dass sie Geschöpfe sind, die Respekt verlangen. Er wird sich erinnern an das, was einst war. Und er wird zu deuten wissen, was sein wird. Er wird keine Angst mehr haben vor seinem eigenen Tod, denn er wird mehrere Leben in seinem Leben gelebt haben. Und er wird wissen, dass das Licht niemals erlöschen wird."

Johannes hat uns noch viele weitere prophetische Gedichtsstrophen hinterlassen, die nicht weiterverfolgt werden.

Auch andere beachtenswerte Seher und Seherinnen haben uns Wertvolles hinterlassen, wie z.B. Hildegard von Bingen, Jakob Lorber aus Österreich oder Emanuel Swedenborg aus Schweden, die hier jedoch nicht zu Wort kommen. Die heutigen Auguren müssen von uns noch konsultiert werden, damit wir ein abgeschlossenes Bild erhalten.

Zeitgenössische Channelmedien

Einer, wenn nicht sogar der bedeutendste Seher des 20. Jahrhunderts war Edgar Cayce, der als der »schlafende Prophet« bezeichnet wird. Er hat all seine Aussagen in tiefer Trance gemacht. Cayce hat gewaltige existenzbedrohende Katastrophen für die Zeit bis 1980 vorhergesagt, die jedoch allesamt nicht eingetreten sind. Seine Aussagen stammen aus der Zeit des zweiten Weltkrieges, sodass düstere Prognosen quasi in der Luft lagen. In den darauffolgenden Jahren hatte sich die Menschheit zum Positiven weiterentwickelt, sodass Horror-Szenarien nicht mehr nötig waren bzw. nicht Realität wurden. Eine düstere Prophezeiung wird also, wie bereits erwähnt, gemacht, damit sie von den etwaig Betroffenen verhindert werden kann. Sollte eine Katastrophe mit apokalyptischen Dimensionen eintreten, so ist dies nicht als Strafe zu verstehen, sondern als Abbruch des Spiels von außen, um noch Schlimmeres für die Menschen zu verhindern.

Die Apokalypse ist abgesagt

Seit Anfang der neunziger Jahre des letzten Jahrhunderts verkündet der Amerikaner Lee Caroll die Botschaften des Geistwesens Kryon. Kryon beginnt seine Botschaften immer wie folgt: „Ich bin Kryon vom magnetischen Dienst. Jeder von Euch ist tief geliebt."

Die Vorträge finden immer vor großem Publikum statt, oft kommen mehr als tausend Zuhörer. Kryon verbreitet keine Angst – wie die Medien dies bis zu jenem Zeitpunkt oft getan hatten. Er achtet und würdigt die Persönlichkeiten der anwesenden Menschen und bestätigt ihnen, durch ihre positiven Gedanken und Werke ein apokalyptisches Ende vereitelt zu haben. Kryon bezeichnet sich selbst als Experte für Planeten, die sich in einem Transformationsprozess befinden. Um die gefährliche Wirkung der negativen menschlichen Gedanken und Taten zu neutralisieren, stabilisierte er unseren Planeten Erde mit einem magnetischen Gitternetz. Dieses Netz wurde bis zum 31. 12. 2002 fertiggestellt, so die Aussage von Kryon in seinem ersten Buch: *„Das Zeiten-Ende – Die End Zeit"*, das im Jahre 1998 auf Deutsch erschienen ist. Nach diesem Zeitpunkt verbleiben uns nach Kryon noch zehn bis 15 Jahre, um die Anpassungen durchzuführen. Gemeint ist damit, den inneren Reifungsprozess soweit zu vervollkommnen, dass eine reibungslose Transformation erfolgen kann.

Die Engländerin Diana Cooper hat im Jahre 2004 ein Buch veröffentlich, dem sie den Titel: *„Dein Aufstieg ins Licht"* gegeben hat. Sie bestätigt, dass die Menschheit sich voll im Transformationsprozess befindet, obwohl mit Rückschlägen gerechnet werden muss, und zwar wegen der noch herrschenden Gier, Korruption, wegen Drogenmissbrauch und Armut. Die zahlreichen Lichtarbeiter und Sterngeborenen, die sich in der zweiten Hälfte des vergangenen Jahrhunderts inkarniert hatten, würden das Pendel zur Umkehr bringen. Lichtarbeiter sind Menschen, die ihr Lernprogramm auf diesem Planeten abgeschlossen und sich jetzt zum Helfen in der Wendezeit zurückgemeldet haben. Sterngeborene sind – wie Lichtarbeiter – fortgeschrittene Lebewesen, die jedoch ihre Entwicklung nicht auf der Erde, sondern auf einem anderen Planeten in unserer Galaxie oder in einer anderen Galaxie absolviert haben.

Erhöhung der grobstofflichen Schwingung

Alle anspruchsvollen Medien, die in den letzten zehn Jahren gewirkt haben, sind in ihren Aussagen gleichlautend: Ohne größere Katastrophe wird die Menschheit eine Erhöhung ihrer Schwingungen erleben und in eine höhere Bewusstseinsebene aufsteigen. Dieser Prozess wird nicht automatisch geschehen ,sondern es bedarf der aktiven Mitarbeit aller Beteiligten.

Wie wird dieser Aufstieg verlaufen? Und was wird das Ergebnis sein?

Ich folge hier den Aussagen von drei Channelmedien aus Deutschland: Sibylle Weizenhöfer, Patrizia Pfister und Ute Kretzschmar. (Es gibt noch zahlreiche weitere Medien, die ich in gleicher Weise mit ähnlichen Informationen zitieren könnte.)

Der Planet Erde mit seinen Bewohnern befindet sich momentan noch in der Dritten Dimension, der dichtesten Ebene mit den schwierigsten Lernprogrammen. Nach Ablauf einer Entwicklungsperiode kann ein Aufstieg in die nächste (Vierte) Dimension erfolgen, sofern das nötige Entwicklungsniveau vom größten Teil der Erdbevölkerung erreicht wurde. Ein solcher Prüfungstermin ist für unseren Planeten für die nächsten Jahre vorgesehen. Diese Situation, dass die gesamte Menschheit kollektiv diesen Entwicklungsschritt durchführt, und zudem auch Mutter Erde

(Gaia) diesen Aufstieg unaufhaltsam durchführen wird, ist einmalig im ganzen Universum. Dieser Prozess ist schon so gut wie abgeschlossen und ein Fehlschlag kaum noch möglich.

Dennoch gibt es auch ernstzunehmende Warnungen. Saint Germain, ein aufgestiegener Meister, der im kommenden Jahrtausend eine führende Rolle in der geistigen Hierarchie für unseren Planeten einnehmen wird, äußert sich im Buch: *„Das Tor zum goldenen Zeitalter"*, das von Sibylle Weizenhöfer gechannelt wurde, über die zersetzende Auswirkung der negativen Emotionen auf unserem Planeten. Neben Geiz, Neid und Gier ist vor allem die Angst zu nennen. Und diese wird von außen gesteuert, von Mächten, die uns davon abhalten wollen, dass wir in unserer Entwicklung fortschreiten. Wenige Menschen sind sich dessen bewusst, wie sehr die Angst vor Krankheit, Arbeitslosigkeit und Einsamkeit uns in den niederen Schwingungen festhält.

Verschärfend kommen noch unsere gedanklichen Fehler hinzu. Uns ist kaum bewusst, dass wir selbst die Schöpfer der Ereignisse sind, die uns zustoßen. Alles, was mit uns geschieht, wurde durch unser Denken, Fühlen und Handeln bewirkt. Dies ist schwer zu verstehen. Ich gebe zu, auch ich habe hin und wieder meine wahre Not mit dieser esoterischen Weisheit. Wenn wir uns dies aber bewusst machen und es akzeptieren, werden uns die Zusammenhänge offenkundig, und die Lösung ergibt sich fast schon von selbst. Später, im Kapitel über die seelischen Emotionen, werden wir Übungen beschreiben, die uns helfen können, dies zu überwinden.

Handicaps für das Spiel in der Dritten Dimension

Der Ausdruck Handicap beschreibt im Golf die Spielstärke eines Golfers. Verschieden hohe Handicaps werden gegeneinander aufgerechnet, sodass ein ausgewogener Wettbewerb zwischen Golfern unterschiedlicher Spielstärke möglich wird.

Das wichtigste Spiel auf diesem Planeten ist das Machtspiel. Die Menschen wollen alles lernen, was auf diesem Gebiet nur möglich ist. In einem Machtspiel werden Täter und Opfer als Spieler benötigt. Woher rekrutieren sich die Opfer? An den fehlenden Freiwilligen scheitert die Spieleröffnung nicht, denn der Mensch kann sich entscheiden, beide Seiten auszuleben. Ein Problem gibt es noch, nämlich, dass ein göttliches Wesen (und das sind wir alle) niemals ein Opfer sein kann.

Um das Spiel in vollem Umfang spielen zu können, haben die Spieler der Opferrolle ein Handicap akzeptiert. Das Handicap besteht darin, dass die Verlierer auf ihre göttlichen, omnipotenten Fähigkeiten verzichtet und sich einigen Begrenzungen unterworfen haben.

1. Die Kundalini ist unsere göttliche Lebens- und Schaffenskraft. Diese befindet sich zurzeit in einem rudimentären eingerollten Zustand.

2. Unser Gehirn ist geteilt in eine linke (denkende) und

eine rechte (fühlende) Hälfte. Bei unseren Aktivitäten denken und fühlen wir getrennt. Ganz selten handeln wir koordiniert mithilfe beider Gehirnhälften, und dadurch ist unser Handeln recht stümperhaft.

3. Wir haben sieben Chakren, die sich an der Vorderseite unseres Körpers befinden. Fünf dieser Chakren haben auch auf der Rückseite ein Gegenstück, das jedoch noch nicht ganz ausgebildet ist, sodass unsere Energieaufnahme und die Kommunikation mit unseren höheren Körpern nur bruchstückhaft erfolgen kann.

4. Unsere DNS besteht nur aus einer Doppelhelix. Im Schöpfungskonzept vorgesehen sind zwölf Doppelstränge.

Mit dieser Unterlegenheit der Machtopfer sind die Rollen eindeutig festgelegt. Eine Bitte an Sie, lieber Leser: Werden Sie ob dieser Ungerechtigkeit nicht wütend. Sie bzw. Ihre Seele haben dem ja vor Ihrer Inkarnation selbst zugestimmt und sind freiwillig in die Opferrolle geschlüpft. Als Trost sei Ihnen gesagt: Auch dieses Spiel hat einmal ein Ende, und der Erfahrungsschatz, den Sie gewonnen haben, überwiegt das Spielen der Opferrolle um ein Vielfaches.

Ganz im Regen werde ich Sie nicht stehen lassen. Weiter unten gebe ich Ihnen einige Hilfsmittel an die Hand, mit denen Sie Ihre Position verbessern können. Aber zunächst noch eine Antwort auf die Frage: „Wann genau ist das Spiel beendet?"

3. Gründe für das Jahr 2012

Mitte der 80-er Jahre des vergangenen Jahrhunderts wurde das Jahr 2012 zum ersten Mal thematisiert, und es setzte sich schnell im Bewusstsein einiger Menschen fest. Nach der Jahrtausendwende wurde die Zielmarke 2012 immer häufiger erwähnt, und alternative Datumsangaben verloren an Bedeutung.

Harmonische Konvergenz

Die harmonische Konvergenz, die am 16. und 17. August 1987 stattfand, ist ein von der esoterischen Szene verklärtes, wenn nicht gar mystifiziertes Ereignis. Die Konferenz war eine spontane, weltweite Versammlung von Menschen mit gutem Willen und der Absicht, sich für eine heile Welt und den liebevollen Umgang miteinander einzusetzen. José Argüelles, Künstler und

Visionär, hatte das Kultbuch *„The Mayan Factor"* anlässlich dieses Events geschrieben. Dieses Buch hat die Kultur der Maya und ihr hohes Wissen um die Zeitzyklen in das Bewusstsein der Menschheit gehoben. In Argüelles Buch wurde zum ersten Mal das Datum 2012 für eine Wendezeit mit einem kollektiven Bewusstseinssprung erwähnt. Die harmonische Konvergenz wird als eine Art Vorprüfung für die spirituelle Reife der Menschheit gedeutet. Nur wenn 144.000 Menschen dem Ruf folgen würden und sich für Frieden und Harmonie auf der Erde einsetzen sollten, könnte der endgültige Countdown für den Bewusstseinssprung gestartet werden. Die geforderte Zahl an Teilnehmern wurde um ein Vielfaches übertroffen.

Zwei Jahre später kam es zum Fall der Berliner Mauer, und seitdem geht ein merklicher Erweckungsimpuls durch die Menschheit. Ethisches Bewusstsein ist zwar noch nicht vorhanden, wird aber in Wissenschaft, Politik und Wirtschaft diskutiert.

David R. Hawkins, ein amerikanischer Psychotherapeut und spiritueller Lehrer, hat eine Beurteilungsskala für spirituelle Reife entwickelt, die von 0 bis 1.000 geht.

Dies sind Werte, die auf unserem Planeten erreicht werden können, wobei 0 dem niedrigsten, hochkriminellen Niveau und 1.000 dem Christusbewusstsein entsprechen würde.

Das für US-Amerikaner typische Faible für die Beurteilung anhand von Skalen kann man durchaus kritisch betrachten, dennoch wollen wir uns Hawkins Bewertung anschauen.

Nach Hawkins kann ein Mensch erst ab dem Bewusstseinswert von über 200 richtig zwischen Wahrheit und Irrtum unterscheiden. Liegen die Werte darunter, wird er beherrscht von niedrigen Emotionen. Erst ab 200 fängt die Kundalini an sich zu entwickeln. Mit der harmonischen Konvergenz hat die Menschheit kollektiv den Sprung über die entscheidende Marke von 200 geschafft, so zumindest die Aussage von Hawkins.

Der Mayakalender

Im Zusammenhang mit dem Jahr 2012 werden immer wieder die Maya genannt, die diesen kritischen Wendepunkt prognostiziert hätten, indem sie ihren Kalender zu diesem Zeitpunkt enden lassen würden. Dies ist so nicht richtig. Die Maya hatten andere Probleme, als sich um unseren Endzeittermin zu kümmern. Der Mayakalender ist noch weit entfernt von seinem Ende. Der Mayakalender beinhaltet kosmische Entwicklungszyklen, anhand derer wir historische Epochen erkennen und Rückschlüsse auf eine Zeitenwende ableiten können.
Der bekannteste Kalender der Maya ist der Tzolkin, der einen Zeitraum von 260 Tagen umfasst und für spirituelle und kultische Anlässe verwendet wurde. Neben diesem Kalender hatten sie den Haabkalender, der für Ackerbau und die tägliche Lebensführung wie Heirat, Reise usw. benutzt wurde. Die politischen und langfristigen Ereignisse wurden mit dem Long

Count registriert. Tzolkin und Haabkalender haben für unsere Zielsetzung keine Bedeutung, wir werden uns im Folgenden auf den Long Count beschränken.

Dies ist an sich kein Kalender sondern lediglich eine Zählung der Tage, wie der Name „Lange Zählung", Long Count, auch ausdrückt.

Die Zählung erfolgte im Vigesimalsystem (Zwanziger-System). Der Wert einer Stelle ist immer das Zwanzigfache der vorhergehenden Stelle. Die Zählung der Tage erfolgt nach folgendem Schema:

Bezeichnung	Wert	Tage	Jahre
1 Kin		1	
1 Uinal	(20 Kin)	20	
1 Tun	(18 Uinal)	360	0,9
1 Katun	(20 Tun)	7.200	19,7
1 Baktun	(20 Katun)	144.000	394,3
1 Piktum	(20 Baktun)	2.880.000	

In der Spalte mit der Überschrift »Wert« sieht man, das der nächst-höhere Wert das Zwanzigfache der vorhergehenden Stufe ist. In der Zeile »Tun« gibt es eine Ausnahme, hier ist der Wert nicht das Zwanzigfache, sondern nur das Achtzehnfache. Man erkennt auch leicht die Logik für diese Abweichung vom System. Ein Tun hat dadurch nämlich 360 Tage und nicht 400 Tage, wie es nach der Regel lauten müsste. Ein Tun hat somit fast so viele Tage wie ein Jahr. Es fehlen nur noch 5 ¼ Tage bis zu einem vollen Jahr.

Im Long Count gibt es eine weitere Besonderheit, die darin besteht, dass die Baktuns nicht bis zwanzig gezählten werden, wie dies das System zulassen würde, sondern nur bis 13. Die 13 Baktuns entsprechen einer Zeitperiode von 5.125 Jahren (13 x 394,3 Jahre). Den wahren Grund für diese Zeiteinheit kennen wir nicht. Man ahnt aber schnell die sinnvolle Einteilung. Geht man in unserer Geschichte 5.125 Jahre zurück, so ist man genau am Anfangspunkt unserer Zivilisation. Damals begann unser Geschichtsbewusstsein, und die Sumerer führten die erste Schrift ein (Keilschrift).

Auch die Katuns werden oft nur bis 13 gezählt, wodurch man eine Zeitperiode von 256 Jahren erhält (13 x 19,7). Für diese 13 Katuns gibt es jedoch eine kalenderarithmetische Begründung, die darauf beruht, dass die Katunzählung mit dem Tzolkin kombiniert wird. Dies sind aber Feinheiten, die man nachlesen kann und die uns hier nicht weiter interessieren sollen.

Die Lange Zählung ist für historische Aufzeichnungen auf vielen Stelen und auf Wänden der Maya-Tempel verwendet worden. Nur der Anfang der Langen Zählung ist relativ unsicher, da die Maya nach ihrer klassischen Periode um 800 n.Chr. diese Zählung aufgegeben haben und nur noch die Katunzählung verwendeten. Nach 256 Jahren (13 x 19,7 Jahre) wurde wieder von vorne angefangen zu zählen. Deshalb fehlt uns heute ein eindeutiges historisches Ereignis, von dem wir das Datum im Long Count und in unserem Kalender kennen.

Unter den Wissenschaftlern herrscht heute trotzdem weitgehend Konsens, und man hat sich auf das Datum 11. August 3114 v.Chr. als Anfang des Long Count geeinigt. Die Zuordnung wird als die GMT Korrelation bezeichnet. GMT sind die Anfangsbuchstaben der Forscher Goodman, Martinéz und Thompson, die diese Korrelation zwischen den beiden Kalendern ermittelt haben.

Zählt man zu dem Datum 11. August 3114 v.Chr. die 13 Baktuns mit 1.872.000 Tage (13 x 144.000), so kommt man auf das Datum vom 21.12.2012. Der Verdacht kommt sofort auf, dass die Forscher von dem gewünschten Enddatum ausgegangen sind und zurückgerechnet haben. Dies ist gut möglich, auf der anderen Seite wurde das Datum 11. August 3114 v.Chr. schon vor mehr als 100 Jahren festgelegt, als noch niemand von 2012 sprach. Haben sich kosmische Zielsetzung und menschliche Visionskraft auf der dritten Dimensionsebene getroffen?

Noch ein Hinweis zum Anfangsdatum: Manchmal findet man auch das Datum -3113 als Anfangsdatum angegeben. Das Datum 11. August -3113 (mit einem Minuszeichen) ist das gleiche wie 11. August 3114 v.Chr. Das Datum -3113 ist die mathematische Ausdrucksweise und wird zum Rechnen verwendet. Das Datum 3114 v.Chr. entstand, als unsere Kirchenväter etwa 800 n.Chr. die historischen Daten des Kalenders auf Christi Geburt statt auf die Gründung Roms umrechneten. Man kannte damals die

Null noch nicht, und 1 Jahr nach Christus bis 1 Jahr vor Christus wurde als ein Jahr gerechnet. Als man diesen Fehler einige Jahrhunderte später entdeckte, hat man die Jahre vor Christus nicht mehr korrigiert. Zum Rechnen nimmt man die mathematische Schreibweise -3113, und in den Geschichtsbüchern finden wir 3114 mit dem Zusatz „vor Christi". Die Datumsangaben in unseren Geschichtsbüchern sind somit alle um ein Jahr zu hoch.

Der Mayakalender ist sicher ein markanter Hinweis für eine bevorstehende Reifeprüfung, der sich die Menschheit im Jahre 2012 stellen muss. Aber als alleiniger Grund ist dieser Kalender nicht ausreichend, es müssen noch weitere gewichtige Indizien hinzukommen, und dabei denke ich noch nicht einmal an einen kollektiven Konsens der Menschheit, sich an einer Prüfung der Reife zu beteiligen.

Kosmische Konstellation

Im Zusammenhang mit dem Jahr 2012 wird immer wieder von einem Energiestrahl gesprochen, der von der Zentralsonne kommen soll. Erwähnt wird auch eine galaktische Ausrichtung, ein „Alignement" solle erfolgen, vermutliche eine Konjunktion, wie sie die Astrologen kennen. In den 90-er Jahren des vergangenen Jahrhunderts war die Rede von einem Photonengürtel und in den 80-er Jahren war die manasische Schwingung en vogue.

Ich schlage vor, wir schauen uns die astronomischen Konstellationen ganz unvoreingenommen an und machen uns mit der Himmelsmechanik vertraut. Esoterische und feinstoffliche energetische Erweiterungen möge jeder nach seinem Gusto hinzufügen.

Wir alle kennen den Weg der Sonne durch den Tierkreis von Widder nach Stier, Zwillinge bis zu den Fischen, der unser Geburtssternzeichen bestimmt. Diese Bewegung der Sonne beruht nicht auf ihrer eigenen Wanderung, sondern erfolgt durch den Umlauf der Erde um die Sonne. Die Sonne steht still und bewegt sich nicht. Dies wurde von Keppler und Galilei erstmals entdeckt, eine Erkenntnis, die beide Forscher in größte Schwierigkeiten mit den etablierten Machthabern brachte, und Galilei wäre fast auf dem Scheiterhaufen der Inquisition verbrannt worden.

Die Sonne macht aber auch eine Eigenbewegung, und die kann man erkennen, wenn man ihren Stand am Fixsternhimmel beobachtet, jeweils vom gleichen fest definierten Standpunkt der Erde aus. Als konstante Punkte kann man eine der beiden Tag- und Nachtgleichen, die Sommer- oder die Winter-Sonnenwende verwenden.

Führt man diese Beobachtung sehr exakt aus, kann man feststellen, dass die Sonne sich ganz langsam im Tierkreis nach hinten bewegt (also von Widder zum Fische und weiter zum Wassermann) bewegt. Die Sonne benötigt etwa 72 Jahre, um einen Bogengrad zurückzulegen. Die Breite der Sonnenscheibe von der Erde aus gesehen beträgt etwa zwei Bogengrade. Die Sonne benötigt also 144 Jahre um genau die Breite ihrer Scheibe weiterzurücken. Für eine vollständige Runde benötigt die Sonne 25.920 Jahre (360 x 72 Jahre). Dies nennt man die Präzession der Sonne. Die Dauer der Umrundung von etwa 26.000 Jahren wird als Platonisches Jahr bezeichnet.

Die Maya kannten vermutlich diesen Zyklus oder waren sehr nahe an seiner Entdeckung. Nach der Mythologie der Maya befinden wir uns im vierten Weltzeitalter und nach der Mythologie der Azteken im fünften Weltzeitalter. Ein Weltzeitalter dauert 13 Baktuns. Rechnen wir also 5.125 Jahre (13 Baktuns) mal den fünf Welten so kommt man auf 25.625 Jahre fast genau die Länge unseres Platonischen Jahres.

Dieses Platonische Jahr kommt jetzt auch zu einem Abschluss. Wo ist der Anfang und wo das Ende einer Kreisbewegung? Dazu benötigt man eine Definition, und dies geht am besten mit einem markanten Punkt auf dem Kreis. Analoges gilt auch für unser Kalenderjahr, das wir besser mit dem Frühlingsanfang (Frühjahrs Tag- und Nachtgleiche) beginnen sollten, statt mit dem willkürlich gewählten 1. Januar. Aber grundsätzlich kann man einen Kreis mit jedem seiner Punkte beginnen und enden lassen.

Die Präzessions-Bewegung der Sonne wird von der Wissenschaft durch eine Kreiselbewegung der Erdachse erklärt. Die Erdachse zeigt nicht auf einen festen Punkt über der nördlichen Halbkugel, sondern beschreibt in den 26.000 Jahren einen Kreis. Betrachtet man nur die Erde isoliert, dann könnte dies sogar richtig sein. Woher kommt die Kreiselbewegung?

Eine andere Erklärung wäre, unser Sonnensystem bewegt sich in den 26.000 Jahren um ein anderes Zentrum. Aber bitte nicht um die Zentralsonne liebe Esoteriker: Erstens hat eine grobstoffliche Zentralsonne noch niemand gesehen, und zweitens hat unsere Milchstraße einen Durchmesser von 100.000 Lichtjahren, und wie soll bei diesen gigantischen Entfernungen der ganze Kreis in 26.000 Jahren durchschritten werden? Wir bleiben schön in der Ecke unseres Armes der Milchstraße und bewegen uns innerhalb der uns bekannten Fixsterne. Und welcher Stern könnte der Mittelpunkt unserer Umrundung sein? Mein Vorschlag für das Zentrum unseres Karussells wären die Plejaden mit Alcyone als Hauptgestirn.

Im Platonischen Jahresablauf haben wir jetzt den markantesten Schnittpunkt des gesamten Zyklus von 26.000 Jahren erreicht. Mit astronomischen Begriffen ausgedrückt könnte die Beschreibung wie folgt lauten: Die Sonne zum Zeitpunkt der Wintersonnenwende (Wintersolstitium) steht auf dem Äquator unserer Galaxie, der Milchstraße. Die Überquerung des Äquators durch die Sonne erfolgt in der Nähe des Galaktischen Zentrums.

Wenn Sie keine Vorkenntnisse haben, können Sie diese nicht auf Anhieb verstehen. Ich mache Ihnen aber folgenden Vorschlag: Lernen Sie die beiden Sätze auswendig, oder notieren Sie sie auf einen Spickzettel, und machen Sie sich auf den Weg der Erkenntnis: Fragen Sie „Experten", lesen Sie in Büchern nach, konsultieren Sie einen Sternenatlas oder downloaden Sie sich ein Astronomie-Programm aus dem Internet, das es in einfacher Version sogar kostenlos gibt. Damit aber möchte ich Sie nicht im Stich lassen, sondern ich werde noch ein paar Erklärungen anfügen.

Unsere Galaxie, die Milchstraße, hat die Form eines Rades, und wir befinden uns ganz am Rande in einem der vier Arme oder Speichen, um im Bild eines Rades zu bleiben. Wir können nicht auf das Rad schauen, da wir uns im Rad selbst an dessen äußerster Peripherie befinden. Wir können sozusagen nur in die Radnabe schauen, wo viele Millionen Sterne sich befinden aber auch Gebietszonen sind, von denen kein Licht ausgeht und die für uns wie „schwarze Löcher" aussehen. Dort haben die Astronomen das Zentrum der Milchstraße definiert. Das Licht, das wir sehen, welches von den Sternen im Zentrum stammt, wurde vor 50.000 Jahren ausgesandt und erreicht uns erst heute. Die Milchstraße kann man in den Nächten der Sommermonate als ein milchiges Band erkennen, das sich von oben nach unten über den Himmel erstreckt. Die Identifizierung wird jedoch immer schwieriger wegen der zunehmenden Luftverschmutzung und der starken Zunahme an künstlichen Lichtquellen. Diese Milchstraße wird von der Bahn der Sonne in einem fast rechten Winkel geschnitten. Zur Wintersonnenwende steht die Sonne genau im Schnittpunkt ihrer Bahn mit dem Äquator der Milchstraße. Wenn wir diese Konstellation beobachten möchten, sehen wir zu diesem Zeitpunkt nicht die Milchstraße, da diese von dem Sonnenlicht überstrahlt wird.

Machen wir uns noch ein paar Fakten bewusst über die Sonnenüberquerung des Äquators der Milchstraße. Der Äquator ist eine von den Astonomen erdachte Linie, die sich nur schwer astronomisch definieren lässt, und wenn sie auch nur haardünn wäre, würde sie im Zentrum der Galaxie gleich mehrere Lichtjahre Breite einnehmen, über die sich die Sonne dann im Schneckentempo (72 Jahre für ein Grad) bewegte.

Man kann erkennen, dass aus der astronomischen Situation sich ein Zeitfenster von hundert oder mehr Jahren ergibt, also genügend Spielraum, um den genauen Termin für den Beginn der Reifeprüfung durch kollektive Übereinkunft zu bestimmen.

4. Endzeitszenario

Der Asteroiden-Gürtel, der sich zwischen Mars und Jupiter befindet, ist wahrscheinlich der Überrest eines völlig zerstörten
Planeten. Es ist anzunehmen, dass der Mars durch ebendiese
Katastrophe unbewohnbar wurde. Diese Zerstörungen in unserem Sonnensystem haben sich in unserem Zellgedächtnis und
in unserer DNS als Angstgefühl abgespeichert. Dieses äußert
sich heute noch in Form von Interesse bzw. der Anteilnah-
me vieler Menschen, wenn von exorbitanten Katastrophen die
Rede ist. Die Titelseiten der Illustrierten und die Titel derarti-
ger Bücher sprechen für sich.

Was genau war die Ursache für diese kosmischen Katastrophen,
und wie können sie kontrolliert werden? Meine persönliche
Annahme ist: Auch im Kosmos geschieht nichts ohne einen

Grund. Sollte die Bevölkerung eines Planeten über ihr Entwicklungsziel hinausschießen oder auf Abwege kommen, so wird die Entwicklung von höheren Verantwortlichen abgebrochen, um Schlimmeres zu verhindern.

Polsprung

Hans J. Andersen hat vor etwa 25 Jahren durch seine Vorträge und mit seinem Buch „Polsprung" die Aufmerksamkeit auf eine solche kosmischen Katastrophe gelenkt. Bei einem Polsprung lösen sich die Magnetfelder, und die Erdachse kippt um, wodurch der Nord- zum Südpol wird, und umgekehrt. Die neue Position der Erdachse muss dabei mit der alten nicht genau identisch sein. Die Erdrotation würde bei diesem Vorgang weitergehen. Der Körper der Erde würde wenig Schaden erleiden, abgesehen vom Zusammenbruch der elektromagnetischen Felder, und auf der Erdoberfläche würden sich einige Erd- und Wasserverschiebungen ereignen. Die Erde selbst würde dies jedoch überleben. Direkte Beweise und Zeugen für ein solches Geschehen existieren natürlich nicht. Indizien hingegen gibt es viele. Bei Mammuts in Nordsibirien fand man unverdaute Speisereste, die sehr frisch waren und von einer tropischen Vegetation stammten. Man kann hier davon ausgehen, dass eine schockartige Klimaveränderung aufgrund eines Polsprungs eingetreten sein muss.

Vom griechischen Historiker Herodot (etwa 5. Jahrhundert vor Christus) ist überliefert, ägyptische Priester hätten ihm berichtet, dass die Sonne schon des Öfteren ihren Lauf geändert habe, also sich in umgekehrter Richtung über das Firmament bewegt hätte und nicht im Osten sondern im Westen aufgegangen sei. Im Hathor-Tempel in Dendera nördlich von Luxor ist ein Tierkreis mit sehr vielen ineinander verwobenen Sternenkonstellationen dargestellt, aus dem man durchaus einen Tierkreis herauslesen kann, der in entgegengesetzte Richtung verläuft. Weder die Menschen noch die meisten höher entwickelten Tiere könnten einen solchen Polsprung überleben. Würde ein menschlicher Körper tatsächlich intakt bleiben, so würde doch sein vegetatives Nervensystem durch den Stress versagen, Herzschlag, Atmung, Blutdruck usw. würden zusammenbrechen. Im Tierreich könnten nur sehr primitive Formen einen Polsprung überleben, bei dem zugleich Millionen ja sogar Milliarden Jahre Erdentwicklung ausgelöscht würden.

Andere Naturkatastrophen

Wir alle sind mit den Berichten aus dem Alten Testament über die große Sintflut vertraut. Der biblische Noah mit seiner Frau, seinen Söhnen und seinen Schwiegertöchtern konnte diesem Unheil entgehen, indem er auf Anweisung Gottes ein Schiff erbaute, das er mit seiner Familie und mit je einem Pärchen von jeder Tiergattung rechtzeitig vor dem Ansteigen der Wasserfluten bestiegen hat. Beachtlich, wie die Bibel auf die Hinweise Wert legt, dass die Reproduzierbarkeit von Mensch und Tier erhalten blieb.

Sintfluten gab es schon viele, die letzte vermutlich noch vor dem Erwachen unseres geschichtlichen Bewusstseins. Im Gilgamesch Epos, das in Mesopotamien spielt, wird eine Sintflut geschildert, die vermutlich mit dem Ereignis identisch ist, das in der Bibel beschrieben wird.

Als weitere Katastrophenszenarien wären die Eiszeiten zu nennen. Solche gab es immer wieder, auch in historischer Zeit. Die letzte, oft auch nur als Kaltzeit bezeichnet, herrschte in Europa während des 30-jährigen Krieges. Deutschland, das besonders hart betroffen war, brauchte einige Jahrhunderte, um sich wieder zu erholen.

Alle möglichen kosmischen Katastrophen werden heute jedoch im Vergleich mit den durch den Menschen verursachten Gefahren quasi bedeutungslos.

Menschliches Fehlverhalten

Der Mensch selbst ist es, der durch sein rücksichtsloses Verhalten zu einer ernsten Bedrohung für den Fortbestand des Lebens auf unserem Planeten zu werden scheint.

Die Gefahren, die durch Wasserverschwendung, Denaturierung

unserer Lebensmittel, Verpestung der Luft und der Verschmutzung durch Elektrosmog auf uns zukommen, dürfen wir nicht als Preis für einen materiellen Wohlstand hinnehmen.

Eine weitere Gefahr liegt darin, dass Konflikte immer noch mit militärischen Mitteln ausgetragen werden. Sogar der Einsatz von radioaktiven Waffen (Stichwort: angereichertes Uranium) wird weiterhin nicht geächtet. Ein Krieg, ich spreche hier von einem Weltkrieg, würde das spirituelle Bewusstsein auf ein Niveau zurückwerfen, das einen erfolgreichen Abschluss unserer jetzigen Entwicklungsstufe völlig infrage stellen würde.

David R. Hawkins, von dem wir bereits sprachen, ist der Meinung, dass das heutige ethische Bewusstseinsniveau einen weltumspannenden Krieg unmöglich machen würde. Beten Sie mit mir, dass Hawkins Recht behält, und unternehmen Sie alles, damit es nicht so weit kommt.

Die Begleiterscheinungen jener zu erwartenden Endzeitszenarien habe ich etwas ausführlicher geschildert, rate Ihnen aber dringend, sich nicht weiter mit diesen zu befassen, denn das, worauf wir unsere Aufmerksamkeit richten, das erschaffen wir in der Realität. Und wir – und nur wir selbst – sind es, die unsere Wirklichkeit erschaffen.

Kommen wir aber nun zu dem Erfreulichen, das uns in naher Zukunft erwarten wird.

Der Schwede Carl Johann Calleman und sein amerikanischer Kollege Jan Xel Lungold haben unter Verwendung der Maya-

Zeitzyklen eine Bewusstseinsentwicklung erkannt, die ich in Auszügen hier wiedergebe:

Evolution des Bewusstseins

Maya Periode	Dauer	Entwicklung	nach Lungold
13 Uinals	260 Tage	?	bew. Manifestieren
13 Tuns	12,8 Jahre	Nächstenhilfe	Ethik
13 Katuns	256 Jahre	Industrialisierung	Macht
13 Baktuns	5.125 Jahre	Schrift	Gesetz
13 Piktuns	102.500 Jahre	Sprache	Ursache

Alle Maya-Perioden enden mit dem Jahr 2012, genauer Stichtag ist der 21. Dezember. Für die Zeitangaben „Dauer" in der zweiten Spalte ist der Zeitraum angegeben, zu dem diese Periode vor dem Stichtag begonnen hat.

Der Ursprung unserer jetzigen kulturellen Entwicklungsstufe lässt sich auf das Ende der letzten größeren Eiszeit und Sintflut zurückverfolgen. Vor etwa 5.000 Jahren wurde die Schrift erfunden, zum Beispiel lassen sich die Keilschrift der Sumerer und die Hieroglyphen der Ägypter auf etwa diesen Zeitpunkt datieren. Gleichzeitig entstanden die ersten Gesetzestexte in Babylon. Das Judentum, als die älteste Religion in unserem Kulturraum, basiert wesentlich auf Gesetzen. Der Gründer Moses hat Bahnbrechendes für Gesetzgebung und Gesetzesdurchführung getan.

In den letzten 12,8 Jahren vor dem Jahre 2012, also seit Anfang des Jahres 1999 stehen Hilfe und Achtung für den Nächsten auf dem Lernprogramm, und Ethik ist das vorherrschende Thema. Die Handlungsweisen aller Beteiligten sind noch weit von einem ethischen Verhalten entfernt, darüber gibt es keinen Zweifel, allerdings sind überall Veränderungen zu erkennen und die Diskussionen über Fragen der Ethik nicht mehr aufzuhalten.

Beachtlich ist auch der Beschleunigungsfaktor, der dieser Entwicklung zugrunde liegt. Je weiter die Zeit voranschreitet, desto mehr verkürzen sich die Perioden. Die Dynamik und Beschleunigung, die uns in den nächsten Jahren bevorsteht, ist atemberaubend und fordert unsere volle Mitarbeit, denn der Bewusstseinsprozess erfolgt nicht ohne uns, sondern nur mit uns.

5. Voraussetzungen des menschlichen Körpers für die zukünftigen Ereignisse

In Wirtschaft, Wissenschaft, Religion, Politik und sogar im Pressewesen haben sich in den letzten 250 Jahren Machtstrukturen durchgesetzt, die helfen sollen, mit Gewalt die eigenen Interessen durchzusetzen. Dies funktioniert noch leichter, wenn der Unterdrückte seinen Sklavenstatus nicht erkennt. Die Beherrschung war perfekt, und aufkommende Kritik wurde im Keim erstickt. Die Machtausübung wurde durch pyramidenförmige Befehlsstrukturen durchgesetzt. Der Befehlsempfänger kannte nur seinen direkten Chef, nicht jedoch den Vorgesetzten seines Chefs. Die totale Beherrschung und Kontrolle der Untergebenen ist nur möglich, wenn die Fähigkeiten und das Potenzial der Opfer durch manipulative Eingriffe beschränkt werden. Schauen wir uns diese Beschränkungen im Detail an und überlegen wir, wie wir eine Verbesserung für die Rolle der Unterlegenen erzielen können.

DNS

DNS steht für den fast unaussprechbaren Namen Desoxyribonukleinsäure. Das „S" am Ende steht für Säure und da im Englischen Säure „Acid" heißt findet man auch die Abkürzung DNA. Diese Molekularstruktur ist der Träger der Erbinformationen, die an die neuen Zellen weitergegeben werden. Die Existenz und die Funktion der DNS wurden erst 1953 von dem Amerikaner James D. Watson und dem Briten Francis Crick entdeckt. Seitdem sind die Wissenschaftler mit größtem Enthusiasmus damit beschäftigt, durch Manipulation die Erbsubstanzen zu verändern, um damit die nächste Generation von Pflanzen, Tieren und schließlich auch die des Menschen zu kontrollieren. Die Ergebnisse sind bis heute mehr oder weniger von Misserfolgen gekennzeichnet, obgleich in den Medien andere Informationen publiziert werden.

Einige Beobachtungen, über die es allerdings noch keine veröffentlichten Untersuchungen gibt, besagen, dass sich die DNS schon nach wenigen Jahren wieder regenerieren kann. Es scheint zudem, als ob die DNS einem übergeordneten Organisationsplan nicht materieller Art folge und nicht ausschließlich und unverändert von der vorhergehenden Generation übernommen werde.

Die DNS wird von ihrem Besitzer stark modifiziert. Dies würde bedeuten, dass die geistige, spirituelle Entwicklung eines Menschen direkten Einfluss auf seine DNS haben könnte. Die positive Veränderung der DNS würde durch seelische (emotionale) und geistige (gedankliche) Entwicklung der Person beeinflusst.

Ein weiterer Aspekt ist hier zu erwähnen, der uns hoffnungsfroh stimmt: Die Molekularstruktur der DNS wird auch als Doppelhelix bezeichnet. Sie besteht aus zwei Strängen, die spiralförmig (griechisch helix) verlaufen und zwischen denen die Basen, die eigentlichen Träger der Erbinformation, angeordnet sind. Der Mensch besitzt nur eine solche Doppelhelix, sollte aber zwölf solcher Doppelstränge haben. Diese These findet man oft in esoterischen Kreisen und Publikationen. Der Verlust von mehreren Helixsträngen ist nicht endgültig, sondern in naher Zukunft werden wir wieder über dieses Potenzial verfügen können. Einige avantgardistische Lichtkörperseminare bieten schon einschlägige Übungsprogramme an. Mein Ratschlag: Prüfen Sie dies sehr kritisch, halten Sie es aber nicht für unmöglich.

Ein kleines Indiz für die Vermutung, dass eine einzige Doppelhelix eine primitive Form der genetischen Entwicklung ist, kann man aus der inhaltlichen Darstellung des folgenden Kornkreises entziffern.

Im August 2001 wurde ein Kornkreis direkt neben dem Chibolton Radioteleskop in der Nähe von Andover/Hampshire in Südengland entdeckt. Der Kornkreis bildete einen Außerirdischen ab, der über eine DNS verfügte, die aus mehreren Doppelhelices bestand. Die Dekodierung des Kornkreises war nicht schwer, da er eine direkte Antwort auf die von Wissenschaftlern 1974 in den Weltraum ausgestrahlte Seti-Botschaft (Seti = Search for Extra Terrestrial Intelligence) war. In der Seti-Botschaft wurden in digitaler Form Informationen über den Menschen in den Kosmos gefunkt. Unter anderen enthielt die Seti-Botschaft Informationen über die Größe und Form des Menschen, über die wichtigsten Bausteine des Lebens (Kohlenstoff, Stickstoff, Sauerstoff usw.) und dann auch über Größe und Aufbau der DNS. Der Kornkreis von Chibolton hatte den gleichen Umfang an Daten wie die Seti-Botschaft, die allerdings an die Werte der Ausserirdischen angepasst war. Wenn andere Lebewesen über mehr als einen DNS-Strang verfügen, warum könnte das nicht auch beim Menschen möglich sein?

Die DNS-Ausstattung der Menschen ist sehr mangelhaft und sicher nicht so von der Schöpfung geplant gewesen. Nur ein ganz kleiner Prozentsatz der Menschen hat ausreichende Fähigkeiten, das Leben zu meistern, der Rest kämpft verzweifelt ums Überleben. Eine Verbesserung der genetischen Voraussetzungen soll mit der Wendezeit erfolgen. Wie kann man sich das vorstellen?

Die Wissenschaftler haben alle menschlichen Gene, das Genom, entschlüsselt. Für einen großen Teil der Gene fand man keine Zuordnung und bezeichnete diese trivial als Junk-Gene (Müll, Abfall). Vermutlich ist dies der Teil, der als Erster wieder aktiviert werden wird bei der jetzt schon in Gang gekommenen Transformation. Der neue Inhalt für die Junk-Gene wird vermutlich aus der Akasha-Chronik heruntergeladen. Die Akasha-Chronik ist der kosmische Datenspeicher, der Aufzeichnungen über alle Lernerfolge enthält, aber auch alle Fehlleistungen sind dort registriert.

Getrennte Gehirnhälften

Der Mensch hat, wie wir alle wissen, zwei fast gleiche und symmetrische Gehirnhälften. Mit der linke Hälfte können wir logisch denken, sie ist zuständig für wissenschaftliche Forschung, Sprache und Analysen. Mit der rechten Gehirnhälfte sind wir kreativ und schöpferisch, alle musischen Tätigkeiten werden von hieraus gesteuert. Männer nutzen mehr die linke Hälfte und Frauen mehr die rechte Hälfte. Hier liegt auch der Grund für die großen Probleme der Menschen bzw. den unaufhörlichen Konflikt zwischen den Geschlechtern. Durch die mangelnde Synchronisation der Gehirnhälften sind viele Ergebnisse unserer Leistungen stümperhaft, was ein permanentes Gefühl der Unzufriedenheit zur Folge hat.

Der ungarische Psychologe Mihaly Csikszentmihalyi, der an Universitäten vieler Länder unterrichtete, hat 1999 ein deutschsprachiges Buch mit dem Titel: *„Flow, das Geheimnis des Glücks"* veröffentlicht. Flow (auf diesen Begriff gehe ich gleich noch näher ein) ist nicht nur zuständig für Glück, sondern auch für Erfüllung und Erfolg schlechthin. Mit Flow, das auch „im Fluss sein" bedeutet, ist das Phänomen gemeint, dass man eine geniale Leistung vollbringt und gar nicht sagen kann, wie man das eigentlich geschafft hat. Das kann das Traumtor des Fußballspielers sein, aber auch die intuitiv richtige Reaktion in einem Moment großer Gefahr, – man tut genau das Richtige, ohne zu überlegen. Man reagiert, als wenn man von geistiger Hand geführt worden wäre. Den Flow-Zustand findet man oft bei Musikern, Schauspielern oder Tänzern. Was ist das Geheimnis des Flows? Bei einer solchen Leistung funktionieren beide Gehirnhälften in idealer Weise zusammen. Wir sind dadurch mit unserer eigenen Göttlichkeit verbunden, die mit uns und vor allem durch uns agieren kann.

Die Gründe, warum diese Trennung der beiden Gehirnhälften besteht, sind hier erst einmal zweitrangig. Wichtig ist, dass wir diese Situation erkennen und grundlegend ändern, und zwar durch anspruchsvolle Beschäftigungen, die beide Gehirnhälften gleichzeitig aktivieren. Zum Beispiel ein Musikinstrument spielen, Theater spielen (richtig eine große Rolle einüben), tanzen (aber anspruchvollen Bühnentanz). Auch die asiatischen Übungen wie Tai Chi und Qi Gong sind ideale Trainingsmöglichkeiten.

Vergessen Sie Computerwissen und das Lösen von intellektuellen Knobelaufgaben (nur linke Hälfte), auch passives Musikhören und das Verfolgen anspruchsvoller Fernsehsendungen (nur rechte Gehirnhälfte) bringen uns nicht weiter. Der Kosmos würde uns gerne helfen, jedoch: Ohne unseren Part geht nichts. Wir selbst müssen uns bemühen, die Synchronizität unserer beider Gehirnhälften zu steigern.

Die feinstofflichen Körper

Der Mensch besitzt mehrere Körper, die man sich ineinandergeschachtelt vorstellen kann, ähnlich wie russische Puppen. Der grobstoffliche Körper ist der innerste, der von den feinstofflichen Körpern umhüllt oder auch eingeschlossen wird. Die feinstofflichen Körper sind mit unseren Sinnen nicht wahrnehmbar, sie können nur empfunden oder mit geistigem Auge erkannt werden. Somit sind individuelle Unterschiede zwangsläufig gegeben, ohne dass sie jedoch sinnlich erkennbar sind. Je nach esoterischer Schule gibt es unterschiedliche Einteilungen. Eine der frühesten Einteilungen stammt aus der Bibel und wird Paulus zugeschrieben. Die Gliederung in Körper – Seele – Geist hat heute noch ihre Gültigkeit.

Andere Traditionen wie der Hinduismus, die Kabbalistik, die

Theosophie und Anthroposophie haben weitere Verfeinerungen eingebracht. Die höheren Schwingungsebenen und die entsprechenden Körper können wir hier unberücksichtigt lassen, da wir uns zunächst noch mit den niederen Körpern beschäftigen müssen. Diese bestehen aus dem grobstofflichen, dem Astral- und dem Mentalkörper.

Wichtig für die Gesundheit und das Wohlbefinden ist auch der Ätherkörper, der fast identisch mit dem grobstofflichen Körper ist. Der Ätherkörper ist gleichsam die Blaupause für den physischen Körper, der die Energie und das Konstruktionsprinzip beinhaltet. Energiebahnen und die Chakren, die wir im nächsten Kapitel besprechen werden, haben hier ihren Ausgangspunkt. Akupunktur sowie alle energetischen Behandlungen setzen am Ätherkörper an. Der Ätherkörper wird auch mit dem Tode verlassen und wir können ihn als energetischen Bestandteil des grobstofflichen physischen Körpers ansehen.

Jede Schwingungsebene ist mehr oder weniger einem Körper zugeordnet.

Schwingungs-Ebene	Erscheinungsform	Individualität
Dritte Dimension	Grobstofflicher Körper	Körper/Seele/Geist
Vierte Dimension	Astral-Körper	Seele/Geist
Fünfte Dimension	Mental-Körper	Seele/Geist
Sechste Dimension	Spiritueller Körper	Geist

Eine ganz harte Trennung, vor allem für uns Menschen, ist der Übergang von der Dritten in die Vierte Dimension, denn bei diesem Übergang können wir unseren physischen Körper nicht mitnehmen. Ich bin fast geneigt zu sagen „noch nicht", da dies durchaus möglich sein könnte. In der Bibel wird uns von der Himmelfahrt Christi berichtet und auch von Maria, der Mutter Christi, wird Gleiches geschildert. Man kennt auch das Phänomen der leeren Särge. Heilige oder spirituelle Meister waren in ihren Gräbern nicht mehr auffindbar. Ihre Körper erreichten eine solch hohe Schwingung, dass sie für unsere Augen der Dritten Dimension nicht mehr sichtbar waren.

Von Channelmedien wird in den letzten 20 Jahren immer wieder berichtet, dass die Menschheit und auch Gaia, unsere Mutter Erde, das lebendige Wesen, unwiderruflich in die Vierte und dann gleich weiter in die Fünfte Dimension aufsteigen werden. Den genauen Zeitpunkt und Ablauf kennt niemand. Sicher kann man davon ausgehen, dass vieles, wenn nicht alles vom Verhalten und Mitwirken der Menschen abhängig sein wird.

Der Abschluss dieses Prozesses wird nicht im Jahre 2013 erfolgt sein, möglich ist auch, dass wir das ganze Jahrtausend benötigen, bis wir in der Fünften Dimension angekommen sind.

Die Chakren

Durch die Chakren werden die Energien der feinstofflichen Körper vom grobstofflichen Körper aufgenommen. Die Lehre von den Chakren stammt aus dem tantrischen Hinduismus, sie ist aber auch im Buddhismus und im Taoismus bekannt. In eso-terisch und spirituell orientierten Therapieformen wird die Chakren-Lehre mit Erfolg angewendet.

Es gibt sieben Hauptchakren, die von hellsichtigen Personen wahrgenommen werden können. Ihre Form wird als Räder, Scheiben oder auch als Lotosblätter beschrieben. Die Spek-tralfarben des sichtbaren Lichtes, die auch im Regenbogen sichtbar sind, ordnet man den sieben Chakren zu.

Chakra	Farbe	Lage	Funktion	Hormondrüsen
7 Scheitel	Violett	Kopf	Spiritualität	Zirbeldrüse
6 Stirn	Indigo	Stirn	Intuition	Hypophyse
5 Hals	Blau	Kehlkopf	Kommunikation	Schilddrüse
4 Herz	Grün	Brust	Liebe	Thymusdryse
3 Nabel	Gelb	Solarplexus	Gefühle	Bauchspeicheldrüse
2 Sakral	Orange	Bauch	Sexualität	Keimdrüsen
1 Wurzel	Rot	Beckenboden	Lebenskraft	Nebennieren

Das Chakra am Beckenboden ist das erste und wird als Wur-zel-Chakra bezeichnet. Ihm wird die Farbe Rot zugeschrie-ben, und es ist zuständig für die Lebenskraft des Menschen. Hier liegt auch die Kundalini, eine – nach der tantrischen Lehrmeinung – noch nicht zur Entfaltung gelangte Energie. Im hinduistischen Kulturgebiet wird viel Wert auf die Entfal-tung der Kundalini durch Meditation und diverse Übungen gelegt. Gopi Krischna schildert die Risiken und Krisen bei der Erweckung der Kundalini in seinem Buch: *„Kundalini – Erwek-*

kung der geistigen Kraft im Menschen". Viele Versuche haben zunächst zu geistigen Fortschritten geführt, aber auch zu schwerwiegenden körperlichen Problemen, wenn die Aktivierung der Kundalini-Energie nicht unter Kontrolle zu bringen war.

Meine Meinung zu diesem unvorsichtigen Vorgehen: Man sollte die einzelnen Chakren entwickeln, indem man ihre Funktionen durch die Intensivierung von Spiritualität, Intuition, Kommunikation usw. (wie in der Tabelle ausgewiesen) zu steigern versucht. Somit wären auch keine riskanten tantrischen Praktiken, die in psychosomatischen Krisen des Praktizierenden enden können, vonnöten. Auch bei einer gesunden und natürlichen spirituellen Entwicklung wird die Kundalini vom Wurzel-Chakra nach oben bis zum violetten Scheitel-Chakra steigen und somit als Energie zur Verfügung stehen.

Die drei unteren Chakren, Wurzel-, Sakral- und Nabel-Chakra, sind für den Energiehaushalt des physischen Körpers zuständig. Die Nabel-, Herz- und Hals-Chakren stimmen den Astralkörper mit dem physischen Körper ab. Und die drei obersten Energiewirbel, Hals-, Stirn- und Scheitel-Chakra, stellen die Verbindung zur Mentalebene her. Nabel-Chakra und Hals-Chakra sind jeweils für zwei Dimensionen zuständig, denn sie liegen an der Schnittstelle von der Dritten zur Vierten bzw. von der Vierten zur Fünften Dimension und wirken damit in beide Richtungen. Die Einteilung in feste, abgegrenzte Dimensionen ist in Wirklichkeit nicht so streng, wie wir es uns vielleicht vorstellen, die Übergänge sind fließend.

Allgemein gilt, dass die Wissenschaft – und damit auch die Medizin – die Chakren nicht lokalisieren kann und diese daher völlig ignoriert. Im Gegensatz zu dieser Feststellung berichtet der esoterische Schriftsteller Gregg Braden in seinem Buch: *„Das Erwachen der neuen Erde"*, dass Robert Dratsch einen Scanner entwickelt hat, mit dem die Chakren lokalisiert und bestimmt werden können. Nach diesen Untersuchungen liegen die Chakren ziemlich genau über den endokrinen Drüsen und entsprechen genau der Zuordnung, wie ich sie in der oben dargestellten Chakren-Tabelle aufgelistet habe. Einer der ersten Ärzte, die populärwissenschaftlich schrieben, war Fritz Kahn. In seinem Hauptwerk: *„Knaurs Buch vom Menschlichen Körper"*, das 1965 erschien, kannte er zwar schon die Zirbeldrüse, aber über deren Funktion war er völlig im Unklaren, wie er selbst eingesteht. Heute kennen wir die Funktion der Zirbeldrüse auch nicht viel besser, uns ist jedoch bewusst, dass sie über die Hypophyse auf die Schilddrüse und über diese auf alle anderen Hormondrüsen regulierend einwirkt. Ein reifes und spirituelle Bewusstsein erfordert grundsätzlich ein intaktes Hormonsystem, das wiederum von den höheren Körpern, dem Astral- und dem Mentalkörper über die Chakren gesteuert wird.

Das Energiesystem des Menschen, das primär von den feinstofflichen Energien der höheren Körper reguliert wird, behandelt die Traditionelle Chinesische Medizin (TCM) mit Akupunktur und Akupressur. Dies sind Techniken, die wesentlich weniger traumatische Folgen verursachen als die üblichen schulmedizinischen Operationstechniken. Auch den anorganischen, medikamentösen Behandlungen sind sie eindeutig überlegen.

Wollen Sie ernsthafte Bewusstseinsfortschritte machen, müssen Sie nicht unbedingt in einen Ashram nach Indien gehen, sondern verwenden Sie Ihre Zeit und Ihre Energie für Aktivitäten, die Sie ganz bequem von Ihrem Sofa aus durchführen können. Meditation, Mantren, Farbtherapie, Musiktherapie, Aromaessenzen, Bachblüten usw. sind die Mittel der Wahl. Die Erfolge stellen sich zwar sehr langsam und subtil ein, dafür aber nachhaltig und nebenwirkungsfrei.

Die sieben Hauptchakren sind so angeordnet, dass das Herz-Chakra, unser Kraftwerk für die Liebe, in der Mitte liegt. Die Energie eines jeden Chakras kann ohne das Herz-Chakra eingesetzt werden, dadurch kann man handeln und Taten begehen, ohne Liebe und zum Schaden der anderen, wodurch eine karmische Verschuldung die unvermeidbare Folge ist.

Gehen wir die sieben Chakren von unten nach oben durch, so wird es sofort verständlich.

1. Lebenskraft ohne Liebe führt zu Unsicherheit und Angst.

2. Sexualität ohne Liebe führt zu Brutalität.

3. Gefühle ohne Liebe führt zu Gier, Eifersucht, Geiz, Habsucht usw.

4. Liebe ohne Liebe führt zu Herzlosigkeit.

5. Kommunikation ohne Liebe führt zu Langeweile.

6. Intuition ohne Liebe führt zu Falschheit und Lüge.

7. Spiritualität ohne Liebe führt zu Pharisäertum.

Wir können uns aus diesem seelischen Tief befreien, indem wir uns aller sieben Chakren bewusst werden und sie auch simultan zum Einsatz bringen.

Neben den sieben Hauptchakren gibt es noch viele weitere Chakren sowohl oberhalb des Kopfes als auch unterhalb der Füße und an diversen Gelenken. Jede Schule hat eine andere Zuordnung, nur über die sieben Hauptchakren herrscht quer durch alle Lehrsysteme absolute Einigkeit.

Ein besonderes Augenmerk haben wir auf die geistigen, seelischen und körperlichen Defizite des Menschen gelegt, weil diese mit ein Auslöser dafür sind, dass sich der Mensch immer machtloser und handlungsunfähiger fühlt.

Die Durchgaben des Channel-Mediums Patrizia Pfister gehen auch in diese Richtung. Nach ihren Informationen, die von aufgestiegenen Meistern stammen, werden wir in naher Zukunft fünf weitere Chakren erhalten.

Diese fehlenden Chakren (8 bis 12) liegen auf der Rückseite der Chakren 2 bis 6, wie in der folgenden Tabelle dargestellt.

7 Hauptchakren			5 neue Chakren	
Bezeichnung	**Funktion**		**Bezeichnung**	**Funktion**
7 Scheitel	Spiritualität			
6 Stirn	Intuition		12 Hinterkopf	Selbsterkenntnis
5 Hals	Kommunikation		11 Nacken	Klarheit
4 Herz	Liebe		10 Schulterblätter	Wissen
3 Nabel	Gefühle		9 Kreuzbein	Harmonie
2 Sakral	Sexualität		8 Steißbein	Kreativität
1 Wurzel	Lebenskraft			

Durch diese werden die Funktionen der klassischen Chakren erweitert und auf ein neues Niveau gehoben. Aus Sexualität wird Kreativität, Gefühle führen zur Harmonie, Liebe wird zum Wissen, Kommunikation führt zur Klarheit, Lügen wird unmöglich, und schließlich führt die Intuition zur Selbsterkenntnis. Die Chakren der Vorderseite werden mit denen der Rückseite zu einem Super-Chakra verschmolzen.

Unser Anteil an dieser Transformation besteht zum einen darin, dass wir uns dieser Vorgänge bewusst werden und zum anderen in der Akzeptanz dieser Veränderung. Eine aktive Rolle können wir durch die verschiedenen Meditationstechniken spielen und durch das regelmäßige Praktizieren der Übungen, wie sie im Folgenden vorgeschlagen werden. In der einschlägigen Literatur finden Sie viele weitere Praktiken, die Sie nach ihrem eigenen Gusto anwenden können, wichtig ist die Regelmäßigkeit und die Ausdauer des Übens.

Übungen zur Entwicklung der Chakren

Alle Übungen wie auch Visualisierungen sollten Sie im sogenannten Alpha-Zustand durchführen, dies steigert die Wirksamkeit. Als Alpha-Zustand werden die Gehirn-Frequenzen zwischen 8 und 12 Hertz (Hz) bezeichnet. Je niedriger die Gehirnfrequenz ist, desto besser können Gedanken in die Realität umgesetzt werden. Am besten wäre natürlich der Theta-Zustand, nur bei dieser Frequenz fallen wir leicht in die Bewusstlosigkeit des Schlafes.

Frequenz in Hz	Zustand	Wirkung
13–30	Beta	wach aktiv
8–12	Alpha	wach meditativ
4–7	Theta	fast schlafend

Eine Verminderung der Frequenzen erzielt man am besten über die Kontrolle des Atems. Die folgende Atemübung ist eine geeignete Methode, die auch von den Indianern Nordamerikas bei den Schwitzhütten-Zeremonien angewendet wird.

Atemübung

Setzen Sie sich entspannt und aufrecht auf einen Stuhl, ohne sich anzulehnen. Auch geeignet ist der Yoga- oder Schneidersitz, sofern Sie ihn bequem ausführen können. Nehmen Sie keine Ihnen ungewohnte Position ein, da dies für eine Tiefenentspannung ungeeignet wäre.

Atmen Sie durch die Nase ein und zählen Sie bis vier. Halten Sie den Atem an, und zählen Sie nochmals bis vier. Beim Ausatmen durch den Mund wird wieder auf vier gezählt. Danach halten Sie den Atem an und zählen nochmals bis vier. Diesen Rhythmus (4-4-4-4) wiederholen Sie mehrere Male, bis Sie eine merkliche Entspannung erzielt haben. Nach einigen Atemzügen kehren Sie wieder ganz locker in ihren normalen Atemrhythmus zurück, und beobachten Sie sehr aufmerksam den Fluss Ihres Atems. Nach ein paar Minuten Pause können Sie wieder einige Atemzüge mit dem 4-4-4-4 Rhythmus ausführen.

Wenn dieser 4-er-Atemrhythmus für Sie zu anstrengend ist, erniedrigen Sie die Frequenz zum Beispiel auf 2-2-2-2 oder machen Sie weniger Atemzüge. Nach etwas Übung können Sie den Rhythmus und die Anzahl der Atemzüge wieder erhöhen.

Die nordamerikanischen Indianer atmen in den Schwitzhütten in einem 12er-Rhythmus, an den auch Sie sich mit der Zeit (allerdings ohne zu große Anstrengung) herantasten können. Nach Beendigung dieser äußerst beruhigenden Atemübung können Sie direkt zur Chakra-Übung übergehen.

Chakra-Meditation

Visualisieren Sie das erste Chakra, das sich am Beckenboden befindet. Visualisieren Sie die Farbe Rot, und stellen Sie sich ihre Lebenskraft vor.

Dann machen Sie vier einfache Atemzüge, indem Sie einatmen und sofort wieder ausatmen. Bei jedem Atemzug erspüren Sie, wie dieses Chakra pulsiert.

Dann visualisieren Sie das zweite Chakra, das sich im Bauchraum befindet. Visualisieren Sie die Farbe Orange und vergegenwärtigen Sie sich Ihre Zeugungskraft. Dann machen Sie vier einfache Atemzüge, wie schon beim ersten Chakra, indem Sie einatmen und gleich wieder ausatmen. Bei jedem Atemzug erspüren Sie, wie dieses Chakra pulsiert.

So fahren Sie fort, bis Sie das siebte Chakra erreicht haben. Bei jedem Chakra visualisieren Sie seine Lage, seine Farbe und die zugehörige Funktion, wie in der Tabelle auf S. 73 angegeben, und machen vier Atemzüge.

Wenn Sie die Übung mit dem siebten Chakra beendet haben, gehen Sie den gleichen Weg zurück, zum sechsten, fünften usw. bis zum ersten Chakra.

Diese gesamte Übung vom ersten bis zum siebten Chakra und wieder zurück können Sie komplett wiederholen, jedoch nur, wenn Sie sich entspannt fühlen und durch die Vibrationen der Chakren nicht nervös oder kribbelig geworden sind.

Die Konzentrationsübung auf die Vibration der Chakren kommt aus dem Kriya-Yoga. Mit Kriyas werden in der hinduistischen Tradition die Vibrationen der Chakren bezeichnet. Der Kriya-Yoga wurde von Paramahansa Yogananda nach Amerika gebracht, er selbst hat diese Technik von seinen Guru Sri Yukteswar in Indien gelernt. Der echte Kriya-Yoga geht natürlich etwas weiter als diese Übungen hier, den Kriya-Yoga im Detail zu beschreiben möchte ich nicht, da ich hierzu nicht autorisiert bin.

Das Erspüren der Pulsierungsbewegung der Chakren können Sie durch ein Mudra verstärken. Das Mudra ist eine Fingerhaltung, die das Fließen der feinstofflichen Energie anregt. Das Finger-Mudra kann auch als selbstständige Übung ausgeführt werden, es fördert den Energiefluss der Chakren.

Finger-Mudra

Bei der Übung legen Sie die Daumenspitze auf die Spitze des Zeigefingers. Dies unterstützt den Energiefluss des ersten Chakras. Während Sie diese Fingerhaltung ausführen, erspüren Sie das erste Chakra. Sie können jetzt die vier oder auch mehr Atemzüge ausführen. Finden Sie ihren eigenen Rhythmus.

Als Nächstes legen Sie die Daumenspitze auf die Fingerkuppe des Mittelfingers und erspüren das zweite Energiezentrum das Sakral-Chakra. Dabei führen Sie einige ruhige Atemzüge aus.

Fahren Sie so mit jedem Chakra fort, bis Sie beim obersten siebten Chakra angekommen, sind und wiederholen Sie danach alles in umgekehrter Reihenfolg. Die Zuordnung ist wie folgt:

1. Wurzel-Chakra – Daumenspitze auf die Spitze
   des Zeigefingers

2. Sakral-Chakra – Daumenspitze auf die Spitze
   des Mittelfingers

3. Solarplexus-Chakra – Daumenspitze auf die Spitze
   des Ringfingers

4. Herz-Chakra – Daumenspitze auf die Spitze
   des Kleiner Fingers

5. Hals-Chakra – Daumenspitze auf die Spitze
   des Ringfingers

6. Stirn-Chakra – Daumenspitze auf die Spitze
   des Mittelfingers

7. Scheitel-Chakra – Daumenspitze auf die Spitze
   des Zeigefingers

Wenn Sie das Finger-Mudra mit der obigen Chakra-Meditation verbinden, verstärken sich die jeweiligen Wirkungen gegenseitig. Führen Sie das Mudra am besten mit beiden Händen gleichzeitig aus.

Sollten Sie nach einiger Zeit des Übens plötzlich Ihr Körpergefühl verlieren und nur noch den Fluss der Energie spüren, haben Sie gerade Ihr erstes Lichtkörper-Erlebnis. Genießen Sie diesen Zustand, solange es möglich ist. Wenn die Erfolge jedoch auf sich warten lassen, trösten Sie sich mit mir, ich habe auch mehrere Monate geübt, bis ich meine ersten Erfolgserlebnisse hatte. Nehmen Sie sich die Zeit, die Sie benötigen, es ist keine Eile geboten!

6. Überlebensmaßnahmen für die Transformation

Im ersten Teil dieses Buches bin ich ausführlich auf die Ereignisse eingegangen, die für die nächsten Jahre zu erwarten sind. Viele spirituelle Lehrer und Meister prognostizieren für die nahe Zukunft eine Transformation, die mit einer Schwingungserhöhung und gleichzeitiger Bereinigung und Befreiung von verkrusteten Machtstrukturen einhergehen wird. Jene Strukturen also, die nur zum Vorteil einer kleinen Macht-Elite bestehen, werden verschwinden.

Über den genauen Ablauf dieser Wende gibt es jedoch nur Spekulationen. Zum einen hat ein solches Ereignis noch nie auf unserem Planeten oder in unserer Galaxie stattgefunden, und zum anderen hängt die Form der Wende von der Reife und dem

Mitwirken der beteiligten Menschen ab. Der Übergang könnte weich und sanft vonstatten gehen und einige Jahrhunderte oder sogar ein Jahrtausend benötigen, sodass er kaum bewusst wahrnehmbar wäre. Erst in der Rückschau wird es als eine Art Quantensprung erkennbar sein.

Dieses Szenarium ist nach meiner Ansicht aber eher unwahrscheinlich, denn es ist zu vermuten, dass sich der Übergang stürmisch, vehement und in nur wenigen Jahren vollziehen wird. Die Vorboten und die schon sichtbaren Ereignisse (Wirtschafts-, Finanzkrise und Ohnmacht der Regierenden) deuten auf einen eher stürmischen Ablauf hin. Es fehlt an geistiger und spiritueller Reife, nicht zuletzt auch in den Führungskadern von Wirtschaft, Politik und Wissenschaft. Was können wir also tun?

Die Antwort ist ganz simpel: Wir müssen die geistige und spirituelle Entwicklung von Körper, Geist und Seele mit allen uns zur Verfügung stehenden Mitteln fördern. Das, was schon seit Tausenden von Jahren als Entwicklungsagenda auf unserem Planeten ansteht aber weitgehend vernachlässigt wurde. Sie, als Leser dieses Buches, zählen mit Sicherheit zu den Fortgeschrittenen, sodass ich Ihnen nur ein kleines Repetitorium anbieten möchte, das Sie quasi als Checkliste benutzen können. Mir ist es wichtig, Ihnen das Selbstvertrauen und die Sicherheit zu geben, alles Nötige getan zu haben. Sie brauchen nur noch wenig Anregungen und vor allem eine Checkliste, mit der Sie die Schwingung Ihres Mental-, Astral- und grobstofflichen Körpers überprüfen können.

Schwingungserhöhung des grobstofflichen Körpers

Der Körper ist ein wunderbarer Resonanzboden für unsere geistigen und seelischen Fehlhandlungen. Ich hoffe einmal, dass die wenigsten Leser dieser Zeilen mit ihrem Körper ernste Probleme bzw. chronische Beschwerden – oder diese zumindest gut unter Kontrolle haben.

Hier einige Grundlagen, mit deren Hilfe Sie Ihren Körper gesund erhalten:

- Sie ernähren sich vorwiegend von naturbelassenen Lebensmitteln (Bioqualität, wenig extrem industriell verarbeitete Lebensmittel, kein Fleisch).
- Sie trinken viel natürliches Wasser (kein Mineralwasser, Limonaden oder Ähnliches).
- Sie distanzieren sich von toxischen oder stark stimulierenden Genussmitteln (Zigaretten, Alkohol, Drogen, Kaffee usw.).

Auch ich habe mit einigen Gelüsten meine Probleme und versuche mir immer wieder bewusst zu machen, welche Schädigungen an Gesundheit und Nervenkraft ich mit den Genuss in Kauf nehmen muss. Sie sollten kein Heiliger und keine Heilige werden, kosten Sie den Genuss immer voll aus, fragen Sie sich aber auch, welchen Preis Sie zahlen müssen. Auf das Wissen um die Folgen kommt es an, dann können wir frei entscheiden.

- Vermeiden sollten Sie, wenn es nur irgendwie geht, Operationen (Trauma für Körper, Geist und Seele).

Gutes Hintergrundwissen liefert die Scientologie, die mit Recht sehr umstritten ist. Jedoch sollte man nicht auch die guten Erkenntnisse mit der Ablehnung des Systems über Bord werfen. L. Ron Hubbard hat auf diesem Gebiet wichtige Erkenntnisse in seinem Buch „Dianetik" beschrieben.

- Vermeiden Sie auch, wenn möglich, alle allopathischen, d.h. „herkömmlichen" Medikamente der Schulmedizin, die stets Nebenwirkungen mit sich bringen.

Versuchen Sie unter allen Umständen, von regelmäßiger Medikamenteneinnahme wegzukommen. Gleiches trifft auch für Impfungen zu.

- Schaffen Sie einen gesunden Ausgleich für die Bewegungsarmut unserer Zivilisation, indem Sie leichten Sport treiben oder einen anderen Bewegungsausgleich pflegen.

Über alle diese Themen gibt es genügend aufklärende Bücher in Ihrer esoterischen Buchhandlung, machen Sie sich kundig.

Schwingungserhöhung des Astralkörpers

Die körperlichen Defizite sind leicht zu erkennen. Schwieriger wird es schon bei den seelischen Problemen. Der Körper wird in manchen spirituellen Kreisen gerne ignoriert oder sogar missachtet. Es gibt aber wichtige Wechselwirkungen zwischen Körper und Seele, sodass wir einen gesunden und reaktionsfähigen Körper benötigen.

Der Körper zeigt uns seelische Probleme leichter, wenn er gut erhalten und nicht durch andere Einflüsse (schlechte Ernährung, Drogen etc.) beeinträchtigt ist.

Was schädigt die Seele oder zieht die Schwingung des Astralkörpers nach unten? Die Vierte Dimension ist die Heimat unseres Astralkörpers oder auch unserer Emotionen. Diese haben die Eigenschaft, sich immer in der Umgebung aufzuhalten, wo sich andere Seelenkörper mit gleicher Schwingung befinden. Hier gilt das Gesetz der Anziehung. Gleiches zieht Gleiches an. In der Vierten Dimension kennt man eine dunkle und niedere astrale Ebene (Ort der niederen Emotionen) und eine höhere, hellere und somit freudvollere Astralebene (positive Emotionen). Die Aufgabe besteht in der Kontrolle (nicht der Verdrängung) der niederen Emotionen sowie der Pflege und Förderung der höheren Emotionen. Nach einem kurzen Ausflug in die Chinesische Medizin werde ich später mehr über die Klärung von Emotionen schreiben.

Traditionelle Chinesische Medizin

Die Traditionelle Chinesische Medizin (TCM) beinhaltet eine

sehr fein differenzierte Lehre über die Emotionen und deren Wirkung auf den grobstofflichen Körper.

Element	Emotion	Organ (Yin)	Organ (Yang)	Farbe
Feuer	Begierde	Herz	Dünndarm	rot
Erde	Sorge	Milz	Magen	grün
Metall	Trauer	Lunge	Dickdarm	weiß/grau
Wasser	Furcht	Niere	Blase	blau
Holz	Ärger	Blase	Gallenblase	gelb

In der TCM kennt man fünf Elemente (nicht zu verwechseln mit den vier Elementen unserer Alchemie und Astrologie). Zwischen diesen fünf Elementen besteht eine fördernde und kontrollierende Beziehung, die auch auf die Emotionen übertragen wird. Ein Element nährt das folgende: Feuer ernährt mit seiner Asche die Erde, sodass Metall entstehen kann. Das Metall wiederum gibt wichtige Moleküle an das Wasser ab. Holz benötigt Wasser zum Wachsen. Und Holz dient dem Feuer als Brennmaterial. Das gegenwärtige Element kontrolliert das übernächste. Im Feuer wird Metall geschmolzen und geformt. Die Erde weist dem Wasser sein Flussbett zu. Mit Metall wird Holz geformt. Durch Wasser wird Feuer kontrolliert, und das Holz kann der Erde Struktur und Form verleihen.

Dieses chinesische System ist verständlich und einleuchtend. Auch die Zuordnung der Emotionen zu den Elementen sowie ihre schädigenden Auswirkungen auf die einzelnen Organe sind nachvollziehbar. Vertieft man sich noch weiter in die Details der Therapie der TCM mit ihrer ungeheuren Vielfalt an Kräutern und Pflanzen, kann man die schädigende Wirkung der Emotionen mindern bzw. mit ihnen umgehen. Der moderne Therapieansatz besteht nicht in der Eliminierung der schädigenden Wirkung, sondern in der Auflösung der Emotionen.

Heilungsansätze von religiöser Seite

In der abendländischen Medizin werden die Emotionen als Verursacher für körperliche Krankheitssymptome zwar nicht geleugnet, aber auch nicht allzu ernst genommen und nur wenig erforscht. Man überlässt die Emotionen den Psychologen und der Kirche. Die Medizin hat Wichtigeres zu tun, indem Sie sich mit Viren, Bakterien bzw. Themen beschäftigt, für deren aufwendige Forschungsprojekte man finanzkräftige Sponsoren finden kann. Für die Emotionen trifft das nicht zu, denn für diese haben moralische Instanzen, wie z.B. die Kirche, Reglementierungen gefunden. Im Katechismus der katholischen Kirche finden wir die sieben Laster oder Todsünden: Hochmut (lat. superbia), Geiz (lat. avaritia), Wollust (lat. luxuria), Zorn (lat. ira), Völlerei (lat. gula), Neid (lat. invidia) und Faulheit (lat. acedia). Mit der Aufzählung dieser sieben Emotionen sind die wichtigsten Übeltäter erfasst. Für die Kontrolle und die Beherrschung der Emotionen kennt die Kirche auch nur das Rezept der Beichte, Buße und Androhung der ewigen Verdammnis. Nicht gerade humane Heilmethoden, die zwar ihre Wirkung zeigen, aber nur in der Symptombeseitigung: Die tabuisierten Emotionen werden in den Untergrund des Bewusstseins verdrängt, wo sie weiterhin ihre schädigende Wirkung ausüben können.

Klärung der Emotionen

Dank neuerer psychotherapeutischer Ansätze, vorwiegend aus dem Umfeld von spirituellen und esoterisch orientierten Therapeuten, können negative Gefühle erfolgreich behandelt werden.

Ich möchte hier kurz auf die Arbeit von Safi Nidiaye eingehen, die mit ihrer praktikablen Methode einen wahrhaften Durchbruch erzielt hat. Dieser Methode wird man durch die theoretische Beschreibung kaum gerecht, da man sie erleben und praktizieren muss. Am besten in Seminaren, die von Safi Nidiaye selbst gehalten werden. Ich hatte die Ehre, einige Male persönlich teilzunehmen. Safi beschreibt ihre Methode in dem Buch: *„Das Tao des Herzens. Wie Sie Ihre Gefühle befreien"*.

Körperzentrierte Herzensarbeit

Als Einstieg in die Methode der „körperzentrierten Herzensarbeit" dient am besten ein Beispiel, das ich dem Buch *„Das Tao des Herzens"* entnommen habe.

Eine Patientin berichtet, dass sie Probleme mit ihrem Mann hatte; ihre Beziehung führte zu ständigen Konflikten. Den eigentlichen Grund, nämlich ihre verdrängten Emotionen Angst und Verzweiflung, konnte sie nicht als die Ursachen erkennen. Die Erlösung dieser Emotionen erfolgt über die „körperzentrierte Herzensarbeit". Diese beginnt, indem die Patientin eine konfliktgeladene Situation schildert und nacherlebt. Die Therapiesitzung schildern wir leicht abgeändert und gekürzt:

„Nach einem Gespräch mit meinem Mann fühlte ich mich niedergeschlagen, entmutigt, gereizt und emotional ‚klebrig'. ... Hubert hat gesagt: ‚Das ist doch egal', und damit etwas vom Tisch gewischt, das mich gefühlsmäßig stark betraf."

Die Patientin wird angehalten, sich die kritische Situation nochmals zu vergegenwärtigen, sich durch ruhiges Atmen zu entspannen und die Gefühle zuzulassen.

„Ich breche in verzweifeltes Schluchzen aus. ... Da ist tiefe Verzweiflung, dadurch ausgelöst, dass Hubert mir gegenüber ‚kalt' und gleichgültig sein könnte – etwas, das ich, wie ich jetzt merkte, immer schon gefürchtet, aber stets abgewehrt habe."

Unweigerlich melden sich auch Schmerzen in bestimmten Körperteilen, oft sogar vor den aufkommenden Emotionen. Hier liegt der Kern des Therapieansatzes, dass nämlich die Patientin in diese Schmerzen hineinspürt und über diese Brücke an ihre Emotionen gelangt.

„Meine Hände verkrampfen sich. Ich stelle fest: Die Hände wollen sich abwehrend ausstrecken, und in mir taucht der Schrei auf: ‚Nein!' Da wird mir klar, dass ich seit Beginn unserer Beziehung ununterbrochen eine innere Abwehr aufgebaut und aufrechterhalten habe; dagegen nämlich, feststellen und fühlen zu müssen, dass Hubert mich nicht liebt, sondern mir gegenüber kalt und gleichgültig ist. Mit welcher Verzweiflung habe ich die ganze Zeit über diese Abwehr aufrechterhalten!"

Jetzt kommt die entscheidende Phase der Therapie: Die Patientin muss ihre negativen Gefühle annehmen, ja sogar lieben, „ins Herz nehmen".

„Jetzt verstehe ich auch, dass es mir unmöglich war, Hubert gegenüber mein Herz aufzumachen, denn das hätte bedeutet, mich der Möglichkeit zu öffnen, dass er mir gegenüber keine Liebe empfindet, und das wollte ich auf keinen Fall fühlen müssen".

In dieser fast trivial anmutenden Schilderung ist viel Weisheit und auch schon der komplette Therapieansatz enthalten.

Für Anfänger ist es ratsam, die therapeutische Sitzung mit einem geübten Therapeuten durchzuführen. Mit etwas Übung kann dieser Prozess, wie im Fall von Maria geschehen, selbstständig ohne Begleitperson durchgeführt werden.

Fassen wir die einzelnen Schritte in der Form einer Anweisung nach Safi Nidiaye zusammen:

1. Einstieg: Eine problemträchtige Situation, die man erlebt hat, nochmals ganz realistisch durchleben.

2. Körperwahrnehmung: Die Aufmerksamkeit während der Erinnerung an die Situation in den Körper lenken. Wo und wie reagiert der Körper? Bewusstsein und Atem in der reagierenden Körperzone konzentrieren.

3. Emotionen: Sich fragen: „Wie fühle ich mich, wenn ich hier drinnen in dem entsprechenden Körperbereich anwesend bin und atme?"

4. Herz: Dem Gefühl – beziehungsweise dem Teil, der es erleidet – sein Herz öffnen.

5. Widerstände: Wenn diese zusammen mit anderen Gefühlen wie Angst und Ablehnung auftreten, diese respektieren und liebevoll ins Herz nehmen.

6. Hilfe holen: Falls trotz aller Bemühungen das Herz verschlossen bleibt, können Sie Hilfe von Ihren geistigen Führern herbeiholen.

7. Sich fragen: Was braucht das Gefühl in Zukunft von mir?

8. Abschluss: Noch eine Weile still sitzen bleiben, im Herzen gesammelt.

9. Nachsorge: Notieren, welche Gefühle in der Sitzung aufgetaucht sind, und welche Versprechen man gegeben hat.

Das Erfolgsgeheimnis dieser Methode liegt in dem objektiveren aber gleichzeitig auch intensiveren Erleben der Emotionen über den Körper. Gerade die unterdrückten Emotionen, die unerkannt im Verborgenen ihre verheerende Wirkung ausüben, können über Körperunpässlichkeiten und Schmerzen identifiziert werden. In der christlichen Tradition werden Hochmut, Neid, Zorn, Geiz, Völlerei, Trägheit und Wollust als die „sieben Todsünden" bezeichnet. Die Bezeichnung Todsünden, geht auf die Tatsache zurück, dass diese Laster nicht leicht als solche erkannt werden können, und somit hat der Praktikant nur eine schwache Chance sie zu bekämpfen.

Nach dem intensiven und schmerzhaften Erleben der Emotionen werden diese aufgelöst, indem man sie „ins Herz nimmt". Durch diesen Schritt lösen sich die Emotionen wie Schnee in der Sonne auf. Normalerweise versuchen wir, die ganze Palette, Hass, Wut, Neid, Gier usw., weit von uns zu weisen. Damit sind sie aber nicht verschwunden, sondern im Untergrund noch aktiv, um unsere Zuwendung und Anerkennung zu erlangen. Befreiung und Lösung der Emotionen erfolgt, indem wir ihnen mit tiefster Herzensqualität begegnen. Herzensqualitäten sind: Anerkennung, Verständnis, Mitgefühl, Vergebung, Bescheidenheit und auch Mut. Zunächst versucht man, die Emotionen wegzudrängen und ist nicht bereit, so viel Herzblut für den niederträchtigen Hass, die schäumende Wut, die drängende Gier usw. aufzubringen. Es ist kaum zu glauben, welch eine

Hürde ein geplagter Patient überwinden muss, ehe er einsieht, dass Emotionen nur durch liebevolle Annahme erlöst werden können. Man muss diesen Prozess einmal in einem Seminar von Safi erlebt haben. Hat sich der in Nöten befindende Patient endlich dazu durchgerungen, seine Emotionen liebevoll anzunehmen, dann ereignen sich Wunder über Wunder, im wahrsten Sinne des Wortes. Der Proband wirkt wie neugeboren. Eine Befreiung durchströmt ihn, von der alle Teilnehmer mitgerissen werden, und der Proband kann die Tränen des Glücks nicht mehr zurückhalten.

Schwingungserhöhung des Mentalkörpers

Negativen Emotionen sind an sich schon schwer zu erkennen und zu lösen. Die mentalen Blockaden, zu denen wir jetzt kommen, sind noch um ein Vielfaches schwieriger zu behandeln. Daher sind viele Menschen Gefangene ihrer eigenen Vorstellungswelt, aus der sie nur schwer zu entkommen vermögen – es sei denn, dass der Leidensdruck unerträglich wird oder ein Sinneswandel eintritt. Doch da der Himmel gegen Uneinsichtigkeit bekanntlich machtlos ist, stürzen wir uns durch unsere Vorurteile über die Wirklichkeit oft in unvorstellbares Leid und finden keinen Ausweg, da wir uns selbst sabotieren.

Ein paar Beispiele: Mein Partner achtet mich nicht. – Mein Sohn ist lebensuntüchtig und braucht ewig meine Unterstützung. – Mein Chef erkennt nicht meine Fähigkeiten. – Diese Liste können Sie sicher endlos weiterführen. Ob diese Urteile – oder vielleicht besser Vorurteile – richtig sind oder falsch, spielt keine Rolle. Sind diese Urteile negativ, bringen wir uns in Not und wir leiden. Sind sie positiv oder zumindest wertfrei, leben wir leichter und haben mehr Energie, unsere Aufgaben auszuführen.

Ein wunderbares Beispiel habe ich bei Byron Katie gefunden, das ich hier wörtlich wiedergeben möchte. Auf die Arbeiten von Katie werde ich gleich noch ausführlicher eingehen.
Byron Katie berichtet über die Visite bei einer Krebspatientin im Krankenhaus. Katie konnte bei der Patientin keinerlei Probleme erkennen. Da zeigte die Patientin ihr Bein, das doppelt so dick war wie das andere. Katie berichtet: „Ich schaute und schaute und konnte immer noch kein Problem erkennen." Die Krebskranke sagte: „Sie müssen blind sein! Sehen Sie sich dieses Bein an. Und dann vergleichen Sie es mit dem anderen Bein." Und ich antwortete: „Oh, nun sehe ich das Problem. Sie leiden unter der Überzeugung, dass das eine Bein so wie das andere aussehen sollte. Wer wären Sie ohne diesen Gedanken?" Und sie verstand. Sie begann zu lachen, und die Furcht strömte mit ihrem Lachen aus ihr heraus. Sie sagte, sie sei noch nie in ihrem ganzen Leben so glücklich gewesen.

Diesen Abschnitt habe ich selbst mehrere Male durchgelesen, um die ganze Bedeutung zu erfassen. Aber auch das mehrfache Durchlesen hätte meine Augen nicht geöffnet, hätte ich nicht Katie in einem Seminar persönlich kennengelernt und die Wirkung ihrer Hinterfragungstechnik erlebt. Die Patientin leidet an Krebs, vielleicht ist dieser Krebs sogar tödlich, aber allein die Preisgabe der Vorstellung, zwei gleich aussehende Beine haben zu müssen, hat ein befreiendes Lachen bei ihr ausgelöst. Es ging hierbei überhaupt nicht um die körperlichen Schmerzen des Krebsleidens oder den drohenden Tod.

Worin liegt die Krux, dass wir unsere Vorurteile über die Wirklichkeit so schwer erkennen und somit diese auch nicht auflösen können?

Dies ist für uns unmöglich, wenn wir nicht verinnerlicht haben, dass zum einen alles, was uns zustößt, absolut das Beste ist, was uns überhaupt passieren kann. Und zum anderen enthält jedes Ereignis eine Lektion, die wir am schnellsten lernen, wenn wir das Ereignis willkommen heißen, es annehmen und uns nicht dagegen auflehnen oder es gar zu vermeiden suchen. Dies Wissen beruht auf der Überzeugung, dass wir in einem geordneten und unendlich liebevollen Universum leben. Diese Überzeugung fällt auch mir nicht immer leicht, und ich stelle sie zuweilen infrage. Jedoch ihre Nützlichkeit für die tägliche Lebensbewältigung ist unbestreitbar.

Therapieansatz „The Work"

Byron Katie nennt ihre Methode zum Erkennen und Auflösen von leidbringenden Glaubenssätzen „The Work", übersetzt „Die Arbeit". Wie alle großen Entdecker von Heilmethoden oder spirituellen Techniken entwickelte sie ihre Vorgehensweise aus eigener Erfahrung, indem sie sich selbst aus tiefstem Elend (arbeitslos, obdachlos, ohne Partner und dem Alkohol verfallen) befreite.

Ihre Entdeckung beschreibt sie in ihrem Buch: *„Lieben was ist"*. Der Titel enthält schon den Kernsatz, denn ohne sein Schicksal willkommen zu heißen, hat man keine Chance, die falschen Glaubenssätze zu erkennen. Das Schicksal, das einem zustößt, ist fast immer leidvoll und schmerzhaft, aber es gibt uns die Möglichkeit, nicht länger in unserem Elend festsitzen zu müssen.

Bei „The Work" geht es zunächst darum, einen Katalog mit Statements über Personen oder Situationen aufzustellen. Zum Beispiel, wie oben beschrieben, „Mein Partner achtet mich nicht". Sodann wird ein Glaubenssatz nach dem anderen bearbeitet. Es bietet sich an, diese Auflösungstherapie mit einem geübten Coach durchzuführen. Nach etwas Übung kann man dieses Verfahren auch in der Selbsttherapie anwenden.

Der Glaubenssatz wird mit vier Fragen und einer Umkehrung hinterfragt. Die Schlussfolgerung lässt der Therapeut bewusst offen, die soll der Proband aus eigenem Antrieb ziehen.

Die vier Fragen sind:

(1) Ist es wahr?

(2) Kann ich wirklich wissen, dass das wahr ist?

(3) Wie reagiere ich, wenn ich an der Überzeugung festhalte?

(4) Wie fühle ich mich, wie ginge es mir ohne diese Überzeugung?

Und dann folgt noch die Umkehrung:

(5) Ich kehre meine Aussage folgendermaßen um ...

Mit einem Beispiel wird die Methode sofort leichter verständlich. Das folgende Beispiel ist in wenig veränderter Form dem Buch: „Der Wahrheit ist es egal, wo du sie findest" von Moritz Boerner entnommen. Moritz Boerner ist ein profunder Kenner der Methode von Byron Katie, und er leitet auch in Deutschland Seminare.

In dem Beispiel geht es um Gewichtsprobleme, ein Thema, das auch manchen anderen unter uns interessieren dürfte.

Klient: Ich sollte schlanker sein.

(1) Therapeut: Ist es wahr? Wie ist die Realität?

Klient: Ich bin so dick, wie ich bin.

(2) Therapeut: Kannst du wissen, dass es besser wäre, wenn du schlanker wärst?

Klient: Ich denke schon.

(3) Therapeut: Was hast du davon, dass du denkst, du solltest schlanker sein?

Klient: Ich bin permanent unzufrieden. Ich behandle mich schlecht. Ich fühle mich minderwertig.

Therapeut: Wie fühlt sich das alles an?

Klient: Extrem nervig.

(4) Therapeut: Wie wäre es ohne den Gedanken?

Klient: Ich wäre vielleicht glücklich und zufrieden.

Therapeut: Und ist das nicht das, was du durch die Gewichtsabnahme erreichen möchtest?

Klient: Das stimmt.

(5) Therapeut: Und was wäre die Umwandlung?

Klient: Mein Denken hat zu viel Gewicht. Ja, mein Denken könnte schlanker sein.

Das Gespräch ist stark verkürzt und verändert wiedergegeben, um das Wesentliche herauszuarbeiten. Den „4 Fragen" sind die Nummern (1) bis (4) vorangestellt. Und die Umkehrung trägt die Nummer (5). In der praktischen Arbeit fordert Katie die Probanden auf, mehrere Umkehrungen spielerisch zu finden, ohne Rücksicht darauf, ob sie der Wirklichkeit entsprechen oder nicht.

Es ist ein wahrhaftes Erlebnis bei einem Workshop, wenn man Katies Hinterfragungstechnik eine Zeit lang verfolgt. Man kann anschaulich beobachten, wie das Erleben und Erleiden einer Situation nicht von der Realität, sondern von unseren Glaubenssätzen gesteuert werden. Diese Erkenntnis macht nicht nur der

Proband sondern ebenso der unbeteiligte Zuhörer. Wenn das Erleben überwiegend von der Einstellung abhängt, so ist es gleichgültig, was einem zustößt. Die Einstellung bestimmen wir selbst und können sie beliebig ändern.

Ein Trick bei dieser Methode besteht darin, dass dem Probanden nichts aufgezwungen wird, es werden ihm nur die Augen geöffnet. Eine Entscheidung zur Aufgabe oder Änderung seiner Bewertungsurteile muss er selbst treffen.

7. Was bleibt noch zu tun?

Wenn wir uns dem Schicksal öffnen und es freudig begrüßen, wie wir dies soeben beschrieben haben, so ist damit nicht gemeint, dass wir uns fatalistisch und schicksalsergeben verhalten sollen, ganz im Gegenteil. Der Kosmos fordert unsere aktive Mitwirkung bei allen Schöpfungsprozessen, mit allen uns zur Verfügung stehenden Kräften. Die Erschaffung der sichtbaren Welt erfolgt nicht an dem Menschen vorbei, sondern mit ihm und durch ihn hindurch. Unser freier Wille ist unangetastet und sollte von uns zum Gestalten benutzt werden.

Wir Menschen selbst, und niemand anderes, erschaffen uns unsere eigene Realität. Diesen Satz möchte ich hier einmal ungeprüft in den Raum stellen und bitte Sie, die Verifizierung oder die Falsifizierung selbst durchzuführen.

Bis heute war die Verknüpfung von Ursache und Wirkung für uns nur schwer zu erkennen. Mit Erhöhung der Schwingung, auch von unserer Erde, hat sich der Zeitraum zwischen Ursache und Wirkung deutlich verkürzt. Konnten Sie in letzter Zeit nicht immer öfter beobachten, dass Ihre Gedanken sich schneller verwirklichen als noch vor ein paar Jahren?

Kenner des Terrains berichten von der Fünften Dimension, dass es dort keine Zeit mehr gäbe und sich ein Gedanke sofort verwirklichen würde. Ich glaube kaum, dass wir diesen Zustand schon innerhalb der nächsten Jahre erreichen werden. Nutzen wir doch die uns verbleibende Zeit, um die mentale Kreationstechnik besser zu erlernen.

Kreationstechniken

Visualisierung und die Techniken des mentalen Erschaffens sind in der esoterischen Literatur und Praxis gang und gäbe. Bestellungen beim Universum (Bärbel Mohr) und Reservierung von Parkplätzen (Mental Training Andreas Ackermann) sind bewährte Übungsthemen, die in den einschlägigen Seminaren trainiert werden. So richtig Fahrt hat das Thema erst durch den Einstieg von Autoren und Filmemachern aus dem angelsächsischen Sprachraum erhalten. Die Thematik wurde als Enthüllung eines Geheimnisses (unter anderem in dem Bestseller *„The Secret"*) verkauft. Wenn uns dieser reißerische Umgang mit dem

Thema etwas befremdet oder gar mit heimlichem Neid erfüllt, so sollten wir uns doch freuen, dass ein solch wichtiges Thema an die Öffentlichkeit gekommen ist und so wirkungsvoll verbreitet wird.

Da wir es uns nicht mehr leisten können, die mentale Schaffenskraft des Menschen zu verschwenden (so wie es zurzeit leider geschieht), gehen wir hier noch kurz auf die genaue Technik des mentalen Erschaffens ein, da dies in den kommenden Jahren wohl zum Lehrstoff einer jeden esoterischen Schule gehören wird.

Hier die Checkliste für richtiges Wünschen und Erschaffen nach der Sedona-Methode:

Mentale Voraussetzung

Ihre Visualisierung sollten Sie im Alphazustand durchführen. In diesem Zustand ist Ihre mentale Power nicht durch die eigenen Emotionen und Gedanken behindert. Geeignet ist die weiter oben aufgeführte Atemtechnik im Rhythmus 4-4-4-4 (einatmen und bis 4 zählen – Atem anhalten und bis 4 zählen – ausatmen und bis 4 zählen – Pause machen und bis 4 zählen).

Positive Zielvorstellung

Stellen Sie sich vor, der Wunsch wäre schon erfüllt worden. Jesus sagte, dass wir, wenn wir den Vater um etwas bitten, uns vorstellen sollen, wir hätten es schon erhalten. Absolut kontra-produktiv sind Vorstellungen wie: Ich will …, ich brauche …, ich möchte … und ähnliche. Sehen Sie sich selbst in der Situation, in der der Wunsch schon in Erfüllung gegangen ist.

Realistische Zielvorstellung

Grundsätzlich ist es in Ordnung, große Erwartungen zu haben. Dennoch sollten die Wünsche nicht absolut unrealistisch sein, da Ihr Unterbewusstsein sofort Bedenken anmelden würde.

Wie der Wunsch erfüllt wird, ist nicht Ihre Aufgabe. Der Kosmos hat viele Wege, von denen Sie nicht einmal träumen würden. Warum also unnötige Vorschriften machen? Lassen Sie sich überraschen!

Wiederholen Sie Ihre Visualisationen mehrere Male und dann überlassen Sie die Ausführung dem Kosmos. Vergessen Sie Ihr Wunschziel. Wenn Sie dies nicht tun, steht Ihre Vorstellung dem Erreichen des Ziels im Wege. Verbannen Sie alle Gedanken, die zum Inhalt haben: „Das Ziel wurde noch nicht erreicht" oder „Das Ziel lässt noch auf sich warten."

Die Erfüllung des Wunsches sollte für keinen der Beteiligten zum Nachteil sein.

In den letzten paar Tausend Jahren sollten wir gelernt haben, dass Schwarze Magie wieder auf uns zurückfällt und uns selbst am meisten schadet. Daher sollten niemals mentale Visualisierungen, die andere manipulieren oder schädigen könnten, durchgeführt werden.

Hindernisse bei der mentalen Wunscherfüllung

Wenn Sie die Bücher der modernen Visualisierungs-Gurus lesen oder eines ihrer Seminare besuchen, wird Ihnen vorgeführt, Sie brauchten nur die obigen Punkte genau zu beachten, um Ihre Wünsche absolut zwingend in Erfüllung gehen zu lassen. Bei Misserfolgen wird Ihnen die Schuld aufgebürdet, es würde noch an Konzentrationsvermögen fehlen und Sie hätten sich noch nicht genügend für die Wunscherfüllung geöffnet. Gut möglich, aber dies ist nicht der alleinige Grund für einen Misserfolg. Vielleicht war das Ziel Ihrer Träume nicht gut für Sie oder es stand im Widerspruch zu einem übergeordneten Plan.

Nach meiner Meinung kommt jeder Mensch mit einer konkreten Aufgabe auf die Welt. Als Beispiel: Sie haben geplant, Ihr jetziges Leben in der Zurückgezogenheit und ohne Partner in kontemplativer und religiöser Haltung zu verbringen. Die Sehnsucht nach einem Partner oder einem gut dotierter Job als Investmentbanker kann Ihnen die Mentaltechnik auch nicht bescheren, denn dies hätten Sie in Ihrem Lebensplan vorbereiten müssen und sich nicht eine Lebensaufgabe aussuchen dürfen, die Ihren jetzigen Wünschen zuwiderläuft.

Wenn der Wunsch Ihrem eigentlichen Lebensplan widerspricht, ist es für die jetzige Inkarnation leider zu spät.

Mit dem Wissen um die Existenz eines übergeordneten Lebensplanes für jeden Menschen, können Sie, lieber Leser, ganz beruhigt in die Zukunft blicken. Das, was Ihnen zustößt, ist absolut das Beste, das Ihnen passieren kann und beinhaltet für Sie eine Lektion. Auch wichtig für Sie zu wissen, dass Sie immer gut vorbereitet sind und über alle nötigen Mittel verfügen, um Ihre Aufgabe spielend lösen zu können.

Literaturangaben:

- *Andersen, Hans J.:* Polsprung. Prophezeiungen und wissenschaftliche Analysen. Reichel Verlag 1998
- *Argüelles, José:* Der Maya-Faktor. Ein Pfad über die Technologie hinaus. Eigenverlag M. Bender 2001
- *Boerner, Moritz:* Der Wahrheit ist es egal, wo du sie findest. Anleitung zu einem guten Leben. Arkana Goldmann 2003
- *Braden, Gregg:* Das Erwachen der neuen Erde. Die Rückkehr einer vergessenen Dimension. Hans-Nietsch-Verlag 2000
- *Buttlar, Johannes von:* Leben auf dem Mars. Die Entdeckungen der NASA-Viking-Mission. Knaur Sachbuch 1989
- *Calleman, Carl Johan:* Der Maya Kalender und die Transformation des Bewusstseins. EU Verlag 2007
- *Carlotto, Mark J.:* Die Mars-Rätsel. Eine Genauere Betrachtung. Michaels Verlag 1997
- *Caroll, Lee:* Kryon. Das Zeiten-Ende – Die End Zeit. Ostergaard Verlag 1998
- *Cooper, Diana:* Dein Aufstieg ins Licht. Schlüssel zur Entfaltung deines Meisterpotentials. Hans-Nietsch-Verlag 2007
- *Csikszentmihalyi, Mihaly:* Flow. Das Geheimnis des Glücks. Klett-Cotta 1999
- *Dwoskin, Hale:* Die Sedona-Methode. Wie Sie sich von emotionalem Ballast befreien und Ihre Wünsche verwirklichen. VAK Verlags GmbH 2008

- *Hoagland, Richard C.:* Die Mars Connection. Monumente am Rande der Ewigkeit. Bettendorf 1996
- *Horn, Arthur David:* Götter gaben uns die Gene. Die ausserirdischen Ursprünge der Menschheit. Silberschnur 1997
- *Hubbard, L. Ron:* Dianetik. Die moderne Wissenschaft der geistigen Gesundheit. Dianetik-Publikation 1980
- *Kahn, Fritz:* Knaurs Buch vom menschlichen Körper. Exakte Geheimnisse. Knaur 1969
- *Katie, Byron:* Lieben was ist. Wie vier Fragen Ihr Leben verändern können. Arkana Goldmann 2002
- *Kretzschmar, Ute:* 2012. Der Aufstieg der Erde in die fünfte Diension. ch. falk-verlag 2002
- *Krishna, Gopi:* Kundalini. Erweckung der geistigen Kraft im Menschen. O. W. Barth / Scherz 2000
- *Luther, Martin:* Die Bibel. Taschenausgabe der Luther-Übersetzung 1912. Verlag der Lutherischen Buchhandlung 2001
- *Mohr, Bärbel:* Der kosmische Bestellservice. Eine Anleitung zur Reaktivierung von Wundern. Omega 1999
- *Nidiaye, Safi:* Das Tao des Herzens. Wie Sie Ihre Gefühle befreien. Ariston 2000
- *Pfister, Patrizia:* Das Regenbogenzeitalter. Die Menschheit erwacht. Smaragd 2007
- *Risi, Armin:* Machtwechsel auf Erden. Die Pläne der Mächtigen, globale Entscheidungen und die Wendezeit. Heyne 2007

- *Ruppel, Peter:* MAYA 2012. Geheimes Wissen und Prophetie. Schirner Verlag 2008
- *Sitchin, Zecharia:* Der kosmische Code. Das Wissen der Götter enthüllt. Jochen Kopp Verlag 1998
- *Weizenhöfer, Sibylle:* Meister Saint Germain. Das Tor zun goldenen Zeitalter. ch. falk-verlag 2005

Internet-Quellen:
- *Hopi Indianer:* Die Prophezeiung http://www.j-lorber.de/proph/seher/hopi.htm
- *Johannes von Jerusalem:* Die Prophezeiung. http://www.j-lorber.de/proph/seher/johannes-von-jerusalem.htm
- *Kornel Klar:* Neue Erkenntnisse über das Leben des Mühlhiasl. http://www.hunderdorf.de/gemeinde/hiasl.htm
- *Ian Xel Lungold:* The Condor Flies to the Eagle (Vortrag vom 22. Juni 2004, Whitehorse Yukon, Canada, 2 DVDs. http://www.Indalosia.de
- *Shen Nong:* Traditionelle Chinesische Medizin. http://www.shen-nong.com/ger/principles/index.html

Nachtrag

Die Abbildungen vor den Kapitelüberschriften sind Zeichnungen aus Büchern des Schirner Verlages, die nach Vorlagen von Kornkreisen erstellt wurden. Diese entstanden in den Jahren 1996 bis 2001 in Wiltshire im Süden Englands.

Für tiefere und detaillierte Studien möchte ich auf mein Buch „MAYA 2012, Geheimes Wissen und Prophetie", verweisen, das ebenfalls im Schirner Verlag erschienen ist.

Ebenfalls erhältlich ist eine CD mit einer Software, mit deren Hilfe jedes Datum in den Long Count und den Tzolkin des Maya-Kalenders umgerechnet werden kann. Das Programm liefert für jedes Datum eine Interpretation für die Zeitqualität und ist sowohl für Windows als auch für Mac geeignet.

Weitere Informationen zu dem Thema dieses Buches erhalten Sie auf der unten angegebenen Internetseite des Autors.

Über die E-Mail-Adresse können Sie gerne Kontakt mit dem Autor aufnehmen, er würde sich sehr über eine Nachricht von Ihnen freuen.

post@maya2012.eu
www.maya2012.eu

Peter Ruppel
MAYA 2012
Geheimes Wissen und Prophetie
280 Seiten
ISBN 978-3-89767-689-3